创业危机管理

杨中春 ◎ 著

企业管理出版社
ENTERPRISE MANAGEMENT PUBLISHING HOUSE

图书在版编目（CIP）数据

创业危机管理 / 杨中春著. -- 北京：企业管理出版社，2020.6
ISBN 978-7-5164-2098-0

Ⅰ.①创… Ⅱ.①杨… Ⅲ.①企业管理—危机管理—研究 Ⅳ.①F272

中国版本图书馆CIP数据核字（2019）第299541号

书　　名：	创业危机管理
作　　者：	杨中春
选题策划：	周灵均
责任编辑：	周灵均
书　　号：	ISBN 978-7-5164-2098-0
出版发行：	企业管理出版社
地　　址：	北京市海淀区紫竹院南路17号　　邮编：100048
网　　址：	http://www.emph.cn
电　　话：	编辑部（010）68456991　　发行部（010）68701073
电子信箱：	emph003@sina.cn
印　　刷：	河北宝昌佳彩印刷有限公司
经　　销：	新华书店
规　　格：	170毫米×240毫米　16开本　14.25印张　230千字
版　　次：	2020年6月第1版　2020年6月第1次印刷
定　　价：	68.00元

版权所有　翻印必究·印装有误　负责调换

PREFACE 推荐序

得知老友写书，我多少有些惊讶，想想却又在意料之中。

记得2008年，我们在北京相识，那时他的企业正在快速成长期，他邀请我们为他的市政建设公司做管理咨询。在那个时期的那样热闹膨胀的行业里，这个决断其实非常难得，我想他的未来可期。果然，此后不过几年的工夫，他的企业就完成了并购上市。回忆起来，他是我们当年在北方的第一个案例，十年过去，我们已经服务了几万家企业。企业家是与众不同的一群人，他们偏执又理性，激昂又孤独，他们比任何人都渴望成功，却又常常身陷危机绝境之中——老友是这个群体中颇为特别的一个。他的性格中既有南方人的谦和温润，又有北方人的行事果敢、慷慨仗义。每一次见面，他关心的不仅是企业，还有对经济、对社会的责任。这和我们对中国企业家的寄望，正相符合。

我能理解老友写作这本书的初衷。毕竟，在中国独特的市场经济环境中，做企业是尤为不易的一件事，尤其是想要做好一家企业。即便是身怀硅谷的技术与华尔街的财富，也免不了落败而归。但是，胜利者总是有

的。他们是如何在风浪中居于不败之地，又是如何在危机之后东山再起？这其中的经验教训，比财富更有价值。

长期以来，我所关注的是企业战略与内部管理，老友则跨入新的行业。我想，"危机"正是他在新环境下的真诚感悟。

企业的危机，总会以内部或外部的形态出现。当危机出现时，如果企业已经具有良好的应对系统，危机就可能获得解决。但是，就像"海恩法则"所说，每一起严重事故的背后，必然有29次轻微事故，300起未遂先兆，1000起隐患。即是说，90%的危机都是有征兆的。比起耗费资源应对危机，企业更需要的是提前预警与防范——危机方能成为机遇。

这本书里包含了大量案例，从分析危机的端倪，到危机表现与应对策略。我读后所感受的不仅是作者的苦心，还有企业家的忧患意识觉醒。

一位优秀的领导者，不仅能决定组织的高效运转，为团队指引方向，鼓舞人心，更重要的是能解决危机。这应该就是本书的意义所在。

"风起于青萍之末"。企业之危，往往滋于繁华之间。

民营企业成长的40年黄金期已然过去，创业路上的各种荆棘、顽石、风暴只会有增无减，但这是外部环境。我始终相信，也正是在危机之中，企业才有机会百炼成钢，才有更多人意识到，正规化、持续化对于中国企业的意义，中国也才有可能成为真正的经济强国。

深圳市中旭企业管理股份有限公司总裁　王笑菲
2020年3月

PREFACE 自　序

在当代德国韩裔哲学家韩炳哲看来,"企业家"貌似是企业的领导者,是"自由"的劳动主体,但并非享有真正的自由,"因为他将自己分解为无数自由的零件,然后向内剥削自己",而且"自我剥削比剥削他人的效率更高,因为前者带来一种类似自由的感觉"[①]。

我1995年大学毕业至今,始终坚信四个字:天道酬勤。五年后,当我创立第一家企业时,我写了一段话,压在老式桌子的玻璃下:"我希望周围的人认为我是善良的、正直的,希望我的员工生活在更公平的环境里,希望这个社会拥有一个公平、公正的环境。"

我们这一代人的童年、少年、青年、中年,与国家的成长一脉相承。我还清晰地记得,自己少年时趴伏在桌角,阅读着《谁是最可爱的人》,作家魏巍笔下那一个个令人钦佩、景仰、怀念的鲜活生命,竭尽心血去完成时代赋予的任务,他们成为好几代年轻人模仿的对象,而我也在荡气回肠的故事情节中,描摹着属于自己的英雄。

---

① 韩炳哲. 爱欲之死 [M]. 北京:中信出版集团,2019.

如今，时代变了，英雄还是英雄，只不过换了身份。

过去的中国社会，没有"企业家"的概念，有的只是"商人"——人们并不喜欢商人，觉得商人是一个唯利是图、奸诈狡猾的群体。中国经济腾飞40年，这个群体在复杂的环境中逐渐成熟，蜕变成为"企业家"。

中国的企业，大致可以分为三类：第一类是大型中央企业，主要分布于金融、电信、能源等垄断行业；第二类是地方政府主导或经营的，散布于各行业的国有企业；第三类则是民营企业、三资企业。不同企业族群，因为资源、背景不同，具有截然不同的发展走向和行为模式。我在本书中讨论的企业和企业家，主要是第三类的民营企业。

有人说，"民营经济好了，中国经济就好了。民营企业对中国经济来说，用一组数字表达就是"56789"，也就是创造了50%的税收、60%的GDP、70%的技术创新、80%的就业、90%的企业数量和新增就业"[1]。我们的社会不仅要意识到这一点，还要给予企业家群体更大的发挥空间，创造良好的营商环境——企业家是最有活力的一个群体，一旦他们的力量被激发，获益的将是整个社会。

记得我最初做企业时，只想着如何做好一个项目、一个产品，让客户满意。当项目多了，积累了一定经验，就尝试着为客户做一整套的解决方案。再后来，又发现客户的需求背后隐藏的是社会问题。表面上看，企业是在为客户服务，更深层次上是在解决某一个社会问题。

后来我决定，为企业、为同行搭建起一个行之有效的孵化平台。就像大自然哺育万物的生长，我们不仅要孕育出优秀企业的种子，让它们生根

---

[1] 刘世锦.支持民企发展，要解决形式上平等、实际上不平等的潜规则.新华网，2019-03.

自 序

发芽，还要给予其生长的土壤，充足的阳光和水，让它们茁壮成长。如果能改变它们哪怕一小部分的命运，那就是渡业生态科技创新中心的巨大成功，也是我写这本书的最大动力。

企业家就是寻找并解决社会问题的人。在此过程中，他所获得的收益，不是金钱可以衡量的，而是如马斯洛的需求理论，做企业是具有最高价值的精神满足。企业家经营企业，是在为社会创造价值，而且这个价值远远大于企业本身盈利所得的价值。比如，一个人如果赚了10元钱，那么他给社会创造的价值有可能是1万元，这种价值越高，说明企业家和企业的能力水平越高，说明市场经济发展得越好。

几十年来，国家经济政策的调整给所有人带来了空前的机遇，特别是60后、70后两代人成为时代的受益者，这也造成民营企业家的种种不利局面。比如，现在占到中国企业总数99%的中小民营企业，本应成为国民经济的命脉支柱，却由于各种限制而出现了多方面的问题。这就好像某个人被束缚住了手脚，想要帮助别人，为别人做事，却难以使出自己的全部力量。

让我们看得更远一些，眼前的危机还只是开始，在这最难熬的时刻，企业家必将承受经济急剧膨胀后萎缩时的阵痛，我们理应凝心聚力，承担起时代的责任，带着一切归零的心态，再次踏上征程。

谨以此书献给在商业战场中拼搏的每一位朋友。

杨中春
2020年3月

PREFACE
前　言

拨动第六次浪潮

经济变化就像是气候变迁，当温暖期到来时，人们热衷于讨论"从0到1"，如何创建一家企业。当冰河期到来时，问题又被反转：如果你已经拥有了一家企业，成为"1"，或者正行进在成为"1"的路上，为什么会回归到"0"？

——保持审时度势，从信息洪流中捕捉风险征兆的异象，将成为生存的必备能力。

——任何一个时代里，领导者的敌人不是别人，而是自己的缺陷。只有看到它、打破它，才能带着团队健康活下去。

——若干年后，繁荣归来，人们将再次沉醉于激荡的上升周期，这本书也将过时。我希望那时的创业者眼光看向更远的未来，却依然谨记今天

的一切，如此方能渡过下一轮冰河期。

谁是浪潮幸存者

只有身处坏光景，人们才会思考未来。

经济学家康德拉季耶夫认为，现代经济的波动周期为40~60年，每个周期都会出现新技术、新方法、新职业和新的生活方式。每个周期的开始，都会伴随着波谷的到来。从18世纪后期开始，共有五次波动周期，分别对应了五次浪潮：

第一次浪潮，蒸汽机发明，大幅提高了生产力；

第二次浪潮，铁路和钢铁，对工业生产的增长起到重要作用；

第三次浪潮，电气、化学，加速了农业与医药创新的步伐；

第四次浪潮，汽车和石油，提高了人的流动性，推动了货运的发展；

第五次浪潮，数字通信技术，完成了信息沟通的大跃进。

第一次和第二次浪潮，都是英国主导，美国和法国跟随；第三次浪潮开始，就是美国工业化的长繁荣期；第四次浪潮，日本、德国也加入了繁荣的队伍；第五次浪潮从20世纪90年代开始，中国成功赶上了这一波繁荣。但是"由于这已经是长波的衰退期，因此技术创新对中国的工业化推动作用相对减弱"[①]。

---

① 周金涛. 涛动周期论[M]. 北京：机械工业出版社，2019.

前言

改革开放以来，我们横跨了第五次浪潮，大量企业在第五次浪潮的繁荣期崛起，创造了一个个财富传奇。企业因此自命不凡，殊不知，其根本不过是踩中了周期。打算"颐养天年"的一代人，现在却迎来了浪潮的谷底。

很多人相信，2019年是经济最低点，然后期盼着下一个十年复苏的到来；也有人预测，第六次浪潮是新能源、资源节约型技术的驱动时代。总之，关于未来的预测开始大受欢迎。如芬兰未来学家维莱纽斯所言，"只有身处坏光景，人们才会思考未来"。

冷静下来看，世界的每个角落，前进的每条道路，都隐藏有危险。那些警惕性高、具有危险意识的人，会通过蛛丝马迹判断未来的危机。就像是航行在大海中，如果提前知道风暴的方向，一定有更多机会活下去；而且活下来的人，会变得更强大。这是一种非常重要的能力，只是在岁月静好的时候，它常被人忽视。

第六次浪潮尚未到来，在等待的严寒中，也将酝酿大量机会。根据国家统计局的数据，2018年4月末，全国规模以上工业企业为372 355个，相比上一年同期减少了6234个[①]。虽然数字令人担忧，但是看看欧洲和日本的百年老企业——总有人会成为浪潮更迭中的幸存者——他们通常都是在那个时代有知识、懂新技术、理解社会变革的人。

风险社会常态化

中国的周期经济学家周金涛曾经在2016年指出，经济将在2019年达到谷底，他分析预测了第五次大周期的尾声。但是新周期开启的黎明，

---

① 定军. 消失的规模以上企业，减少的6000多家企业都有谁？[N]. 21世纪经济报道，2018-06-29.

2020 年却留给人们一个很大的谜团。无独有偶，美国的经济学家丹特在 2013 年他的《2014-2019 人口峭壁》中同样指出，经济将伴随人口在 2019 年跌入峭壁深渊。很多人以为，挺过 2019 年，活着就是胜利。第二年庚子鼠年，就发生了三件黑天鹅事件：澳洲大火、非洲蝗灾、全球新冠。随后美股熔断，国际原油价格跳水，市场哀鸿遍野。美国经济学家大卫·斯托克曼指出，美国长达 30 年的虚假经济繁荣即将结束，未来是"动荡的 2020 年"，经济将陷入衰退，而这种衰退动荡或将持续 10 年。

这绝不是危言耸听，但我始终相信：知者不惑，仁者不忧，勇者不惧。

有学者把疫情看成是中国进入现代风险社会的"成人礼"[1]。2008 年后，我们对金融风险的感知愈加敏锐，但对于现代社会中风险的内在本质尚缺乏认识。实际上，风险存在于现代社会的每个角落。过去以自然风险为主，现在随着文明进步，技术风险和制度性风险陡然增加，这两者由人类决策和行为导致。比起自然风险，技术风险和制度性风险因为具有内生性、泛在性、系统性三个特点，会导致更频繁、更严重的伤害。

至于创业者，我们的风险权衡早已开始：冒一次风险能得来什么收益？为此应付出多少代价？我们一边在权衡成本与收益，一边为了消除某种风险而催生另一种风险，一旦摁压不住，危机就降临了。

所以，对于创业者来说，了解宏观环境是极其重要的。当我们所有人在共同的环境中生存时，覆巢之下安有完卵。未来，保持审时度势，从信息洪流中捕捉风险征兆的异象，将成为生存的必备能力。

---

[1] 马国川，薛澜. 这是一堂社会风险启蒙课 [J]. 财经，2020-03-11.

前 言

致未来的创业者

上一代已经老去，但总有人正年轻。

未来的第六次浪潮，无论技术如何更新，人的欲望不会改变，危机的本质还是人性的弱点——贪婪、浮躁、自私、自负等，这些都会成为点燃危机的导火索。亚马逊的贝佐斯说，他经常被问到一个问题"未来十年，会有什么样的变化？"却很少被问及"未来十年，什么是不变的？"第二个问题显然更重要，因为就商业经营来说，我们要把所有的资源投入到不变的事物上，才能获得持久的收益。

我在这本书里首先讨论的，是作为创业者（也是经营者）对危机"视而不见"的症状与原因。然后从财务、竞争、生长周期、创新四个方向，总结了给企业造成致命打击的因素，比如盲目扩张导致财务黑洞，选错赛道导致项目折戟，过度集权导致命悬一线，合理投资导致错失创新，等等，看似微不足道的常规行为，恰恰给危机提供了藏匿之地。

对创业者来说，学习成功者的经验固然重要，但是了解前人失败的经历才能真正学会规避失败。另外，也必须意识到，一家企业在初创时或许要经历血雨腥风，甚至是无序发展，只要能活下来，最终一定是有助于社会、国家的稳定与发展的。比如共享单车，从最初疯狂野蛮生长，扰乱环境，到现在越来越有序化，终于与城市共融。未来的创业者在迈出第一步时，除去商业生存的法则之外，还应该能回答下面几个问题：

如何让解决社会和环境问题成为企业的目标？

如何让克服资源的有限性成为企业创新的方向？

如何让人类需求成为企业的动力？

传统企业的盈利模式以"套利"为主，或者通过寻租行为获得信息、资源，又或者通过生产获得短期市场利润；新型企业则不同，它们通过创新、跨界、整合，诞生新一代的产品——新奇、有趣、便捷，这些产品具有的特质让传统企业望尘莫及。于是，传统企业费力追赶，却往往又被嘲讽为"步人后尘"。

这并不是谁的错，传统企业也曾"新潮"过，正如现在的新型企业，迟早也会被下一代企业超越。

打破"灰色地带"

在每一个历史时代，发生改变的都是内容，而不是形式。

创建一家企业，就像是养育孩子，遗憾的是，你可能发现，当养大企业时，你已经失去了真正的家人。企业家的商业风光只是表象，它掩盖了经营的压力与焦虑——剥削自己的一切时间，却可能一无所有，甚至负债累累。另一方面，企业家就像是战场指挥官，还必须巧妙、果断、大胆地利用局势，善于平衡自己的执行力和对事态的判断力，这决定了能在多大程度上成功建立团队，这些团队在整个指挥系统中又能多大程度上复制这种平衡艺术。

我一直相信，企业家必须具有偏执狂的素质，唯有如此才能在生活的风雨与商业的竞争中屹立不倒。但是相应地，也可能变得异常自我、自负，就像在童话故事里，王后的魔镜永远只对王后说"你最美"，因为只有这样说，它才不会被打碎。如今，童话时代已经远去，人们的相处形式却没有什么变化，员工与经营者之间表面上看是一派和谐，内里却是暗流

涌动。经营者仿佛身处一个灰色地带的中心，要么是奉承与迎合，所有潜伏的危险都被粉饰；要么就是"亲信"环绕，每个人都会报警，明知危险四伏，却无法分辨出致命的"枪口"方向；甚至，这两种情况同时存在。

任何一个时代，领导者的"敌人"不是别人，而是自己的缺陷。只有看到它、打破它，才能带领团队健康活下去。

杨中春

2020 年 3 月

目 录
CONTENTS

上篇　视而不见

7　第一章　与危机共存

第一节　企业危机是常态　　9
第二节　"灰犀牛"就在身边　　11
第三节　识别危机的五个阶段　　15

19　第二章　历史循环

第一节　宏观周期：经济萧条的轮回　　21
第二节　行业更迭：没有永远的"朝阳"　　23
第三节　企业兴衰：被另一个自己打败　　25

29　第三章　谁能预测

第一节　聪明与知识不是必要条件　31
第二节　领导者的"鼻尖"　34
第三节　谁能预测　35

39　第四章　时刻警惕

第一节　诞生于危机中　41
第二节　转危为机　43

下篇　危机降临

49　第五章　断裂浪潮

第一节　房地产：高周转的陷落　51
第二节　环保行业：三分之一的"水"没了　52
第三节　制造业：从PMI指数看行业晴雨表　53
第四节　金融业：社融增速见顶　54
第五节　头部企业：未能幸免　54

57　第六章　财务黑洞

危机一　扩张陷阱　60
危机二　融资障碍　66
危机三　债务囚徒　71
危机四　信誉崩塌　79

第七章　致命竞争 — 85

　　危机五　　选错赛道　　　　　　　　87
　　危机六　　遭遇黑公关　　　　　　　92
　　危机七　　产品经理缺位　　　　　　98
　　危机八　　失去聚焦　　　　　　　　106
　　危机九　　夹缝中求生　　　　　　　113

第八章　未老先衰 — 119

　　危机十　　壮年短暂　　　　　　　　121
　　危机十一　停止生长　　　　　　　　126
　　危机十二　过度集权　　　　　　　　131
　　危机十三　后继无人　　　　　　　　138

第九章　创新幻象 — 145

　　危机十四　合理投资不一定"合理"　　148
　　危机十五　被击溃的创新者　　　　　155
　　危机十六　研发导向偏差　　　　　　163
　　危机十七　在极限上挣扎　　　　　　171

附　录　　　　　　　　　　　　　　181

参考文献　　　　　　　　　　　　　203

后　记　　　　　　　　　　　　　　205

上篇
视而不见

一个人如果能够发现企业危机,在他人视而不见时挺身而出,发出警告,他需要有莫大的勇气;而这样的人,往往并不是企业的经营者,他们具有共同的特点:愿意同大多数人背道而驰,愿意推翻错误的体制,愿意激励他人一同行动。他们是那些看起来有一点点疯狂的人,为了避免灾难的发生,他们关键时刻能挺身而出,甚至自我牺牲。[1]

——米歇尔·渥克

---

[1] 米歇尔·渥克.灰犀牛[M].北京:中信出版集团,2017.

"看见"不等于"看到"

1986年1月28日，美国挑战者号51-L航天飞机，在发射后73秒时发生了爆炸，飞机在空中解体，乘员舱以每小时322千米速度坠入大西洋，7名宇航员全部遇难。整个过程通过美国电视台向全世界转播，数十亿人的惊骇停留在那一刻。事后调查，发现引起爆炸的原因，是其中一个固体燃料火箭推进器发生故障，致使推动器失灵，是一个小小的O型密封环的设计缺陷。

挑战者号全身600万个零件，美国宇航局的专家们，给出的挑战者号的失败率是十万分之一。然而，空难就这么猝不及防地发生了。

这场灾难发生之前并非是全无征兆的，在挑战者号发射的前一天，NASA工程师和负责焊接密封的塞奥科公司的工程师，曾经对低气温会导致橡胶材料失去弹性、导致密封不完全的情况召开过紧急会议，建议推迟发射时间。然而仅仅用了5分钟时间就被管理层驳回，认为没有表面证据证明O型密封环会对低温发射产生影响。

结果，挑战者号航天飞机在上升到14 600米高空时，随着火箭推进器燃料箱的密封失灵，固体推进器内的高压高热气体泄漏，飞机偏离了正常飞行姿态，气流冲击下引发高空解体。

事后的很长一段时间，电视里重复播放着挑战者号爆炸的画面与7名航天员上飞机之前的笑脸。惶恐和悲痛致使美国航天局的航天飞机计划暂停了3年的时间，最终在2013年计划彻底停止，美国航天局启用俄罗斯的"联盟号"飞船。

关于事故的责任众说纷纭，只是那7条鲜活的生命，以及美国对航空科研的信心，很难再找回来了。

案例中，我们不难看出，危机的征兆很明显，概率也不算低，但是，美国航天局依然选择视而不见，这是为什么？答案显而易见，决策者没有做出正确的决定，原因就是他们根本就没有把危机的征兆当成一回事。即使有那么明显的、大概率的问题摆在眼前，他们仍然相信，不足以发生危机。

巨大的危机在眼皮底下酝酿、爆发，这看似不可思议，甚至可以说是美国宇航局的奇耻大辱，然而这并非什么新鲜事。每一天，世界各地的人群和企业，都在经历着类似的视而不见的危机，这其实是我们人类的共同特性所致。

我们的常识认为，人们只要看到了危机，就会努力去避免。如果一个企业出现问题，未能及时解决，最后演变成了灾难事件，那么要么是管理制度僵化、信息传递迟滞，导致企业家没有看到问题迹象，要么是企业家出于某种原因，有意或无意忽视了问题，或企业家本人存在道德缺陷。遗憾的是，这种错误的理解，导致我们常常高估自己的能力，以为只要自己警惕了，就一定能发现问题。

比如2001年2月9日，美国核潜艇与日本钓鱼船相撞的事件。当时高气压迫使海水涌向船体之外，潜艇不得不急速上浮。就在"格林维尔"号的船头浮出水面时，全体船员听到了一声巨响，沃德尔船长惊恐万分，谁也不知道发生了什么。原来，是潜艇在高速浮出水面的同时，撞到了日本的"爱媛号"钓鱼船，船舵划过了渔船的整个船身，汽油不断从渔船中泻出，9人在这次事件中受伤。

美国国家运输安全委员会做了详尽的报告，其中引人注意的一点是，船长沃德尔曾经通过潜望镜进行观察，照理说他应该看到了渔船，没有人怀疑他的专业能力与经验，他也没有违反潜望镜操作规范，但是连他自己也想不通，为什么没看到。

实际上，根据心理学研究，一个人"看见"某事物，并不等于他就"看到"了[①]：当我们自以为集中了注意力，在关注某个事物时，其实常常会忽略一些信息，那是我们认为不需要看到的东西——无论它有多明显，甚至实际上多么重要。反之，人们还都会认为，自己应该可以看见眼前呈现的一切，但事实是，大脑只能处理来自视觉世界的一小部分信息。

生活中的细小事情如此，更遑论企业运行如此复杂的系统。日常工作中的疏忽，通常不会立即显现，而是慢慢日积月累，在未来的某一天爆发时，将造成整个系统的瘫痪。

---

① 克里斯托弗·察布里斯，丹尼尔·西蒙斯.看不见的大猩猩[M].北京：北京联合出版社，2016.

创业危机管理

第一章
与危机共存

> 待在自己的舒适圈里本身就是一种风险，但是人们很少能意识到这一点。
>
> ——米歇尔·渥克

第一章 与危机共存

第一节 企业危机是常态

有学者把现代经济的基本特征归结为两点[①]：一个是创新多，竞争快，变化快，预测难；另一个是企业危机事件频发，企业倒闭频繁。由于技术变革的加速，竞争的加剧，以及国内外形势的风云变幻，企业不论规模大小，不论曾有怎样的辉煌，都无法绕过危机，即便是昨天的赢家，也可能明天就败走"麦城"。

美国波士顿咨询公司做了一项研究，专门针对《财富》杂志评选出的世界500强企业进行跟踪。研究对象是20世纪50年代的世界500强企业，等到了20世纪90年代，它们中有将近一半消失了。另外，荷兰斯特拉提克斯集团的艾伦·德·鲁吉研究员，还研究了日本和欧洲的企业，它们的平均生命周期为12.5年。在美国的全部企业中，活不过5年的占到了62%，存活超过20年的只有10%，能活50年的仅仅占2%[②]。

至于国内，85%的民营企业会在10年内死亡，平均寿命不超过2.9年。

我们会发现，即便是拥有相对良好商业环境的美国，企业在50年内的死亡率也高达98%。至于中国的民营企业，令人扼腕叹息的，不是大面积的死亡，而是生命之短。

[①] 周春生.企业风险与危机管理[M].北京：北京大学出版社，2015.
[②] 王德胜.企业危机预警管理模式研究[M].济南：山东人民出版社，2010.

2.9年，对于企业经营者来说，这意味着企业还没有拿出被市场认可的产品，或是探索出足以立身的经营模式，创建出与众不同的品牌，就消失了踪迹，更不要说为社会带来价值。反而是大量的社会资本，被消耗在昙花一现的企业中。那些"烧"掉大把金钱，却难逃死亡的企业，也许其中混杂了徒有虚名的创业者，他们真实的目的并非创立伟大的企业，而是"圈钱"。但是我相信，更多的创业者、经营者，并不情愿看到自己亲手栽培的成果，被碾碎于竞争者的车轮下。

到底是什么原因，让大量的企业走向衰亡？

有学者把企业比作人，指出两者都具有生命周期。我认为不仅如此，企业与人之间，有着一项极为重要的不同点：人会自然死亡，但是企业不会。一个正常的企业，在诞生之初，一定是始于对盈利的渴望，并且不断追求，充满活力，而不是任由天命自然离开市场。

当经营者以为企业正处于最好的时候，其实可能也就是最危险的时候。那些曾经被标榜、被崇拜的企业，跌落神坛时，其速度之快，令人咋舌。

克莱顿·克里斯坦森对美国的一系列大企业进行了研究，尤其是那些曾经非常"成功"的企业。他指出："这些失败的企业的管理已经做到了极致，但它们在大获成功之后做出决策的方式，却最终埋葬了日后失败的企业。"[1]

所以，企业无论大小，无论身处哪个行业，都会遇到各式各样的危机。危机对于企业并非只是偶然事件，实际上是一种常态。

---

[1] 克莱顿·克里斯坦森.创新者的窘境[M].北京：中信出版社，2010.

第二节 "灰犀牛"就在身边

一、黑天鹅事件：突发性危机

欧洲人在发现澳大利亚之前，认为天鹅只有白色的。在很长一段时间里，"黑天鹅"是他们形容"不可能存在的事物"的惯用语。黑天鹅的出现，打破了他们的认知。所以，纳西姆·尼古拉斯·塔勒布将不可预测的重大稀有事件，定义为"黑天鹅"。

黑天鹅事件，是指影响力大且极为罕见的事件，由于其不可预见性，对它的防御难度非常大。

"黑天鹅"事件通常有三个特点[1]：其一，意外性，甚至是在过去，没有任何证据证明它发生过。其二，它引发的灾难产生的代价是极大的。其三，危机过后，我们试图去解释，去编造理由，认为危机是可以解释和可预测的。

换句话说，"黑天鹅"危机属于人类惯常思维的错误，发生在人们的意料之外，却会产生改变一切的巨大冲击。它具有高度的不可预见性，同时具有低概率、影响大、强烈的不对称性等特点，比如泰坦尼克号的沉没。

有研究者将企业危机的基本特征进行归纳[2]，包括突发性、破坏性、不确定性、急迫性、信息资源紧缺性、舆论高度关注性。将企业可能遭遇的

---

[1] 纳西姆·尼古拉斯·塔勒布.黑天鹅：如何应对不可预知的未来[M].北京：中信出版社，2011.

[2] 周春生.企业风险与危机管理[M].北京：北京大学出版社，2015.

危机进行分类，包括9项：形象危机、经营决策危机、信誉危机、媒介危机、公关危机、品牌危机、产品质量危机、财务危机、突发性危机。

在实际情况中，很多危机常常是相伴发生，一个突然降临的小事件引发的形象危机，可能带来连锁反应，让经营者出现决策危机、媒介危机、公关危机，最终又引起品牌危机、财务危机。

比如巴林银行的倒闭，就与其内部管理和失控密切相关。具有200多年历史的巴林银行，由于一个交易员的违规操作和内部控制的缺失，导致不到一年时间银行就面临倒闭。

几十年前，很少有大公司会突然倒闭，因为它所面临的外部经济环境和内部的管理制度以及技术、产品等变化相对较慢。如果说黑天鹅事件导致的危机具有突发性，那么多米诺骨牌效应则是多个危机长期潜伏的结果。往往致命的，是事件后面引发的一连串"爆炸"。

二、灰犀牛：枕边的炸弹

"灰犀牛危机"是米歇尔·渥克首先提出的概念，指的是大概率的、冲击力非常强的危机。人们明明看得到危机，也有时间和机会去规避风险，可是最终却因为心存侥幸，而选择忽视，眼看着一头庞大的犀牛，顶着尖刀般的犄角冲过来，最终无法躲避。"灰犀牛"是一种非常典型的危机，它的成因背后与人性的弱点与缺陷是分不开的。

为了便于理解，举个例子用来区分灰犀牛危机与黑天鹅事件：你在乘坐一座很长的扶梯，由上至下全程至少要4~5分钟，扶梯的角度有些陡峭，在你下行到一半的时候，身后的两个人发生了激烈的争吵，你或许意识到了，如果这两人发生肢体冲撞，可能会碰到你，使你滚下扶梯，但是你却没有及时避让，只是选择站在原地，想多等 1 分钟就可以离开。结果你被碰倒受伤，这就是典型的灰犀牛危机。如果在你还没有听到那两人争吵的时候就被推了下去，这就是黑天鹅事件。

对于企业来说，真正可怕的是灰犀牛危机的到来，它因为积蓄时间长，而且多数与企业的内在问题息息相关，所以一旦爆发，通常都是致命打击，企业很难恢复到常态。

三、黑天鹅 + 灰犀牛：全球危机

"黑天鹅"会变成"灰犀牛"吗？当某一区域或组织发生黑天鹅事件，成为该主体的重大危机，那些可以阻止危机蔓延的区域或组织却因为心存侥幸，任由事件在众目睽睽之下形成多米诺骨牌效应，最终大家无一幸免。所以，"黑天鹅"如果不加控制，会异化为"灰犀牛"，导致群体性事件发生。

2020 年的全球新冠疫情，就是典型的"黑天鹅 + 灰犀牛"事件。最初疫情在国内爆发，使我国中小企业面临资金、用工、客流、安全等多方面的困难。随后疫情在国外大面积爆发，又让危机周期延长，对国内以至全球经济都造成了深远影响。2020 年 2 月，清华大学经济管理学院、北京大学汇丰商学院联合调研了 995 家中小企业，结果显示：85.01% 的企业账上资金余额最多能够维持三个月，29.58% 的企业预计全年营业收入降幅超过 50%。

对于经营者来说，企业内部的危机需要经营者提前建立预警机制、应对机制，至于企业外部的危机，则对经营者提出了更高的要求，需要经营者具备敏锐的观察力、当机立断的行动力以及足够坚强的心智。

举个例子。上海的餐饮企业"尚一汤",在2020年新冠疫情最初公布时,创始人陈鹏飞便立即成立了七个应对小组:恢复生产销售小组、资金筹措小组、一线员工安抚小组、租金物业费谈判小组、供应商账期谈判小组、员工安全保障小组和疫情防控小组。陈鹏飞本人担任各小组的组长,相关高层负责人担任副组长,部门领导担任组员。

在尚未复工之际,陈鹏飞连续给员工写了两封信,既安抚员工的情绪,也表达了抗击疫情的决心。很快,经过核心领导层坦诚公告、与员工商讨对策,员工600多人中有98%的人写了请愿书,自愿缓发工资6个月,与企业共渡难关。管理层根据数字化管控体系,随时监控企业盈亏状况,及时调整应对策略。几个应对小组与房东、供应商、资本方进行洽谈,大家做了最坏的打算,但仍保持最大的信心。

陈鹏飞经历过2003年的非典疫情,那时他已过而立之年,用他自己的话说:"太年轻,没经历过危机,遇到事情不敢去面对,不知道该怎么解决。"此后他于2007年创立"尚一汤"。如今再次面对疫情,他决心"把所有事情摆到台面,团结企业所有员工,明确时间节点,以最快速度行动"。

在一场全球危机中,各个行业就会出现分水岭,那些优秀的头部企业、有品牌与品质基础的企业,生存概率将远远大于投机型、赚快钱的企业。对于经营者来说,这既是企业苦练内功、造血自救的时候,也是坚定心智、提高境界的时候。"黑天鹅"也好,"灰犀牛"也罢,都有终结之时,幸存者经历危机的洗礼,一定会更加优秀、强大。

第三节　识别危机的五个阶段

危机在不同阶段，有着不同的生命特征。只要处理得当，便能将危机产生的伤害降到最低。米歇尔将灰犀牛危机的降临过程分为了五个阶段[①]。

第一阶段：否认。

"否认"是人们面对危机时的第一反应，它只是一个暂时的自我防御机制，也是应对危机的第一阶段的典型行为。因为人类更愿意收获正面的结果，而不愿意去面对负面的影响。那些头脑中的常规认知会干扰个体，把具有威胁的各种信息当成垃圾，无视它的存在。这种拒绝承认危机存在的潜意识，归根结底是"相信一切会更好"的任性。如果再加上集体思维的影响，会导致更加严重的后果。

第二阶段：拖延。

拖延，是人们逃避麻烦最轻松的选择，也是第二阶段的主要表现。

当人们意识到麻烦确实可能存在时，会采取一些应对措施，但大多与组织危机无关，具有很强的盲目性；而且糟糕的是，尽管知道最好的解决方案是什么，却因为担忧牺牲更大利益，而找各种借口得过且过。这个阶段的显著特征，就是认为错误的决定会带来糟糕的后果，然后宁可不作为，等待事态发展。

[①] 米歇尔·渥克.灰犀牛[M].北京：中信出版集团，2017.

第三阶段：判断。

到了这个阶段，危机的征兆已经非常明显。应对危机的人，只要还具有常规的判断能力，就会试图正确定义危机，然后分析应对的方案。这里涉及两点：其一，解决方案的有效性，决定了是否能将伤害降到最低；其二，由于第一阶段和第二阶段的误判设置的障碍，影响了有效应对方案生成的时间。所以，第三阶段，也是一种警示，留下的时间不多了。

比如，全球的气候变暖是公认的灰犀牛事件之一，已经到了第三阶段，消耗了很长一段时间。世界各地极端的气候现象不断发生，德国慕尼黑再保险集团指出，2017年全球气候变化相关灾害造成的总损失高达3300亿美元——未来极端的天气将向着常态化发展，大气、海洋、生物圈的平衡已经打破，甚至未来几代人都无法修复。世界各国、各行各业都在为解决这头"灰犀牛"积极行动。但是也必须承认，在气候变暖这一问题上，从最初的怀疑否认到拖延，我们耽误了太多的时间。特朗普政府退出《巴黎协定》之举，可以说是典型的对灰犀牛危机的视而不见。

第四阶段：恐慌。

此时，危机一触即发，人人惶恐不安。紧迫感与压力带来的焦虑，成为主导情绪。如果拖到这个时候才做抉择，通常来说犯错误的概率非常大。本阶段的恐慌来源于决策者是否有应对类似危机的经验，在前期阶段所做的准备工作，第一阶段和第二阶段浪费了多少时间，是否能把握转瞬即逝的机会。

第五阶段：顿悟。

最后一个阶段的主题只有两个——死亡或行动，并且二者是可以同时

存在的。到了顿悟之时，如果还能采取行动，通常都将付出一定的代价，这个代价有时会很大。

比较典型的例子是，2018年字节跳动公司旗下的网站"今日头条"被国家广播电视总局督查，发现另一个APP软件"内涵段子"低俗，导向不正。总局责令永久关停"内涵段子"，并要求他们"全面清理类似视听节目产品"[①]。随后，今日头条关停"内涵段子"。

令人叹息的是，这样一个运营了5年多、拥有2亿用户、曾经的现象级APP"内涵段子"就此消逝。这看似是突发性事件，却存在着极其明显的危机征兆：早期"内涵段子"的定位颇具新意，是一个用短视频带出"脑洞"神评论、各类段子精华的社交软件，具有极强的搞笑娱乐属性，而且还有着不算宽松的审核规则。但是，在面对低俗视频带来的流量与资本加持的压力时，运营者和用户开始走偏。危机在此时并不是被无视，而是被否认。随着博人眼球、无底线低俗内容越来越多，运营者在是否纠偏的犹豫与考虑中，却等来了轰动全网的"224事件"爆发。此后，回光返照式的增长，让"内涵段子"彻底失控。

既然每一个企业从诞生之初就潜伏着随时可能死亡的危机，那我们该如何剔除危机的种子，减少危机，以提高自己的生存概率？

---

① 微信公众号"国家广播电视总局门户网站"，2018-04-10.

创业危机管理

第二章
历史循环

忘记历史的人，终将重蹈覆辙[1]。

——乔治·桑塔亚那

---

[1] 美国哲学家、诗人乔治·桑塔亚那写的一句话，被刻在奥斯威辛集中营纪念馆的墙壁上．

| 第二章 |
历史循环

美国两位经济学家莱因哈特和罗格夫，把人们面临危机时盲目乐观的情绪命名为"这次不一样"综合征[①]。正是这种心理状态，导致在每一轮的经济危机中都有大量的投资者未能及时逃离崩盘。与之相似的是大量的企业经营者，有的未能预见到宏观经济周期变化对于商业环境和市场需求产生的影响；有的满足于已有行业地位，忽视了行业的更迭；还有的一味坚持错误战略，妄自尊大，越来越像当年被自己打败的竞争对手。

第一节 宏观周期：经济萧条的轮回

一、从1719年到2008年

1719年巴黎娜芙酒店，人们拥挤喊叫着，变卖了金子和珠宝，只为求得密西西比公司的股票，以为自己将一夜暴富。谁知道股票一跌再跌，当大家发疯似地涌入皇家银行，保险箱却早已经空了。

到了1929年，没有投资者认为自己和当年的"巴黎倒霉蛋"有任何相似之处。1719年密西西比公司的真相，并不为当时疯狂的倒霉投资者所知。1929年，投资者可以使用现有的工具来获取公司的资料，这就消除了投机风险。大家普遍认为，"不可能再发生世界大战；更加稳定的政局和强劲的全球经济增长，可以无限期地延续下去；发展中国家的债务水平较低"[②]。

---

① 卡门 M 莱因哈特, 肯尼斯 S 罗格夫. 八百年金融危机史 [M]. 北京：机械工业出版社, 2018.

② 同上.

就是这一年，全球股市崩盘，美国农场主忍痛把低价牛奶倾倒在河里。经济紧缩，财政收入减少，全球通货紧缩，实际利率不降反增，历史上最大规模的违约潮诞生，大萧条来了。

百年后，21世纪的第一个十年，投资者相信"全球经济一体化，技术快速进步，更高级的金融系统，对货币政策更深刻的理解，以及债务证券化的出现，一切都已经变得更好"[①]。尽管每个人都承认房地产存在泡沫，股票价格飞涨近乎疯狂，但是多数人却并不认为金融危机会再度降临美国。

我们会发现，1929年和2007年，全球尽是乐观情绪下的高涨、繁荣期带来的盲目自信，尽管相隔近100年，人们的表现并无二致。

二、下一个日本？

20世纪80年代，举国上下，日本货币大放水。股市和房地产市场不断走高，个人、本土企业、国外财团，资本运作疯狂到极致。首府东京银座的土地拍卖价格达到了每平方米30万美元，东京的一所小得不能再小的房子，竟然卖到了800万美元，甚至有人狂妄地叫嚣，一个东京的广场，足够买下美国整个加州。

那时候的日本人认为，东京只有一个，房价会继续高涨，日本的经济仍将提速，股票不会跌停。

忽然而至的"盛世繁荣"，让日本人一度自信可以"买下美国"。美国联合英法德牵制日本，签下《广场协议》，规定日元兑换美元每年5%的递进升值。美国的制裁，极大地影响了日本的外贸出口收益。无奈之下，日本只能扩大内需，将伤害转嫁国内。于是，就有了灾难之前的繁荣。1989

---

① 卡门 M 莱因哈特，肯尼斯 S 罗格夫.八百年金融危机史[M].北京：机械工业出版社，2018.

年最后一天，日本以高达38915点的股指，611万亿日元的市值，开启了长达30年的经济大萧条。

1990年，全世界开启加息模式，美国加息3次，英国加息5次，日本在短短9个月的时间内加息3次，紧接着房产税以及房屋限制政策出台，日元套利空间锐减，国际资本快速离境。内忧外患下，房地产泡沫彻底破碎，21家主要银行产生了1100亿美元不良贷款，多家银行倒闭。1990—1996年，日本每年倒闭的企业平均到了1.4万多家，其中，负债1000万亿日元的企业达1万多家。

这一次的去杠杆，让日本的房产市场低迷了25年。1990—2008年，日本股指跌幅54%，不动产下跌了95%。日本的GDP从1994年的501万亿日元，持续到2017年依然保持这一数值，日本就此失去了30年的经济发展。

"货币宽松""扩大内需""房产市场暴涨""股票走势飙红""房价股票永远不跌"，电影"大空头"的情节，美国次贷危机的另一个版本，中美贸易战的牵制，房地产市场的杠杆，企业负债率泡沫，人们对不动产的盲目信任，等等，这些难道不是我们熟悉的情节吗？

当相似时代的影像发生重叠之时，企业经营者与其在怀疑犹豫中停滞不前，不如迅速行动，为外部危机的到来提前做好布局。

第二节　行业更迭：没有永远的"朝阳"

一、走下神坛的报业

曾经，清晨6点半到9点，上班族手中最为常见的就是一份报纸。而

今,"给我一份报纸",这句话已经很少会听见。书报亭中,只剩下零星的杂志和各色饮料与矿泉水。

根据历年的《新闻出版产业分析报告》显示,报纸的实际营业收入逐年递减,2015年总营业收入比例降低了10.3%,利润总额减少了53.2%,31家报业集团处于亏损状态。2016年,总营业收入比例同比降低了7.6%,总利润额再次下降15.7%,记者流失近1/8。到了2017年,报纸的营业收入才算止跌,但是占比、总印数、总印张以及种类仍在大幅降低,全国知名的大报企业,关门的有几十家。

2019年1月,多家报刊业纸媒宣布停刊。在互联网与新媒体的双重冲击下,平面纸媒处于濒死的边缘,尤其是报刊业,更是名存实亡。

取而代之的,是新媒体的快速崛起。

二、人人自危的自媒体

然而,如同"朝阳"的新事物,如今已成"红海",公众号的热度逐渐减退,自媒体的赛道越来越拥挤,内容质量被诟病,做内容转型标题党,做新闻的传播劣质视频,自称媒体人的写着语无伦次的病句。

被称为"朝阳"的自媒体,在流量之争中正在以肉眼可见的速度重蹈覆辙。就像付费新闻被免费新闻代替,纸质被电子屏幕代替,报纸被门户网站、新闻APP、社交媒体代替。自媒体,终究逃不过被代替的命运。

三、技术进步是行业更迭的开始

我们会发现,每一次的行业更迭,都肇始于技术的进步。就像是电动车逐渐侵占燃油车市场,智能手机取代传统手机,至于颠覆出租车行业的

滴滴出行，不是出租车公司，而是软件平台公司。

更残酷的是，这些被颠覆的，常常被统称为传统行业，但它们也都曾经是新生浪潮的领跑者，甚至是行业霸主。有多少人还记得，20世纪80年代末出租车刚刚兴起时，北京满大街跑的是黄色面包出租车，那时的司机还是一个时髦的职业。20年过去，到了2010年，支付宝第一次上线。到了2019年，银行卡和现金在新一代人眼里，就像上个世纪的古董。支付端已经发生颠覆性的变化，但是这个颠覆者并不是银行，而是支付宝、阿里以及腾讯。

现在的新兴行业总有一天也会变得"传统"，那时颠覆它们的，仍然是新技术的玩家。对于企业来说，如果要躲避行业的"夕阳"，务必要提前为技术进步做好准备，甚至让自己就成为推动行业更迭的"技术玩家"。

第三节　企业兴衰：被另一个自己打败

一、达芙妮：用"平价时尚"占领市场

2002年，达芙妮以平价、时尚定位国内年轻女性，以"高端商品必品牌，品牌商品必高利"为经营策略，快速占领女鞋市场，填补了市场的空白。曾经创造全年5000万双女鞋的销量，以及20%以上的市场占有率。同时，达芙妮快速布局线下门店网络，2012年巅峰时期，全国门店共有6881家。[1]

近几年，达芙妮连年亏损，销售业绩断崖式下滑。2015年，全年亏损

---

[1] 达芙妮三年半关店4100家，定位"大众流行"成打折品牌[N]. 长江商报，2018-10-08.

3.8亿港元，关闭门店827家；2016年，亏损达到8.38亿港元，关闭门店1030家；2017年，全年亏损7.42亿港元，关闭了整整1009家门店。到了2019年1月23日，达芙妮对外公布，2018年整体销量下降7.6%，关闭销售门店达到941家。①

另一方面，达芙妮的股价连续6年一泻千里，截止到2018年9月初，达芙妮市值仅剩5.85亿港元，较2012年缩水97%，不及连年亏损的金额。曾经的国内女鞋，"每卖出5双鞋就有一双是达芙妮"的美誉，早已荡然无存。

二、互联网新零售："平价""时尚"

达芙妮定位潮流品牌，就必须跟紧时尚。2013年电商异军突起，将原本就岌岌可危的传统鞋业推进了万丈深渊，赛道在一瞬间被那些从未听说过的品牌塞得满当。在网购的大潮流中，女鞋款式更新飞快，几乎是一个热门款出现，几天就遍布全网，小作坊的反应速度和价格优势让传统企业望尘莫及，也让达芙妮丢失了最初的优势。

行业竞争陷入白热化。达芙妮依旧奉行固有思维，以"线下渠道为王"，失去理智地疯狂扩张，到处铺设销售门店。过于沉迷市场占有率，无法适应消费结构的变化，让它放弃了来自互联网的巨大机遇。墨守成规又让它对品牌老化、定位战略引发的危机视而不见。

三、达芙妮的优势：击垮自己的致命武器

最可怕的敌人，是与你有相同优势，同时又拥有你没有的低价高效。

---

① 达芙妮三年半关店4100家，定位"大众流行"成打折品牌[N]. 长江商报，2018-10-08.

第二章 历史循环

2006年，达芙妮本是有机会拥抱线上电商的，可是它却选择漠视。2012年，布局天猫也还是来得及，而它却将网络平台当成了倾销积压的产品出口，这相当于在品牌传播度最快的渠道上自损形象。另外，达芙妮以线下实体的不断折扣，对抗来自网络平台的低价压力。

达芙妮在风口中崛起，却在另一个风口之上被淘汰。曾经席卷鞋业战场的优势，如今却变成了别人手中击垮自己的致命武器。如果不是拥有最多的门店，也许不至于摔得如此之惨。某某鞋业如此，某某鞋业亦如此，就像是来到人世间的一场生死轮回，却更加残酷。

这背后深层的问题是，为什么我们无法预见自己离开的那一天？

第三章
谁能预测

我们生活的世界像钟表又像云。不可预测性和可预测性,艰难地共存于构成人体、社会和宇宙的复杂的关联系统中[①]。

——菲利普·泰勒克

---

① 菲利普·泰勒克.超预测:预见未来的艺术和科学[M].北京:机械工业出版社,2016.

2014年，李嘉诚出售了大量香港地区和内地的资产，当时引起轩然大波，大家议论纷纷，猜测他到底看到了怎样的危机征兆，但是即便到了2015年，多数人仍然对房地产抱以必胜的信心。其实，我们大多数人都希望拥有预测的能力，能掌握股市、经济的起落，知悉政策的变化，找到更受欢迎的产品构想，或者只是想知道下周的天气。但是，我们却常常成为糟糕的预测者。

第一节　聪明与知识不是必要条件

一、最优秀的人却做了错误决策

越战前期的美国国防部长罗伯特·麦克纳马拉，被誉为"史上最优秀、最聪明的人"之一，他坚信美国必须将越战升级，但是事后却在自传中写道："我们制定决策的基础存在严重缺陷，我们未能慎重地分析我们的预测，当时和之后都没有做这个工作。"

显然，拥有超高智商或是丰富知识并不是必要条件，他不是败在自己的思考能力上，因为他需要调整的是思考的方式。

二、被淹没的"前线声音"

1758年，当普鲁士国王与俄国军队交战时，他派出信使找到普鲁士最

年轻的将军塞得利茨，此人指挥着一支骑兵部队。信使说"进攻"，塞得利茨却拒绝下令。因为他觉得时机不对，部队将会白白送死。信使离开，然后又回来，告诉他国王再次希望发动进攻。然后又一次遭到拒绝。到了第三次，信使还带来了警告"如果不立即进攻，国王就会砍掉你的脑袋"。塞得利茨依然拒绝，他告诉信使："战斗结束后，我的脑袋任由他摆布，但是现在我还要用它。"最后，塞得利茨终于根据自己的判断，确定了成熟时机，发动进攻，成功使战局向普鲁士倾斜。

塞得利茨坚持自己的独立判断，不仅保住了脑袋，还带来了胜利。战地指挥官作为最早在瞬息万变的战场上遭遇意外情况的人，也是可以最快速做出反应的人。

商场如战场，成功的商战往往更像是有准备的军事行动。从另一方面看，在商战的"前线"，通常也会有正确的声音。

2019年1月4日，美国股市在第二个交易日，出现了第一只"黑天鹅"。苹果公司股票暴跌9.96%，遭受了6年以来最惨烈的一次重挫。起因是前一日库克向投资者预警，关于2019年第一季度营业收入预期下调840亿美元。这是苹果在12年来，首次下调收入指标，且数据大幅低于市场预期。不久之前，苹果公司的市值仍旧超过1万亿美元大关，但在近三个月以来却蒸发了4300亿美元，股票跌幅超过40%。

苹果公司此次的危机，如果站在美国股市、相关行业等外部因素上看，是一起典型的不能被预知的危机事件；但是，如果从苹果公司自身出发，这起事件就变得有迹可循了。

早在几个月前，来自苹果公司全球第二大代工厂昌硕生产线上的一位普通员工王某，就曾经笃定地对《财经》媒体记者表示："我早就判定

了苹果的命运，这一代无论价格、设计、线路都不行。乔布斯把产品当艺术，现在当摇钱树。"他还认为苹果公司上一年的产品线是非常失败的，"又是刘海屏幕，没有任何创新，我无法忍受这种设计。"

确实，当企业出现巨大危机的时候，常有一线员工会在私底下说："我早就看到了，可是没有人听。"这并非个体的认知偏差，而是陈述了一个客观的事实。

三、战略比市场份额更重要

还有一个与苹果公司有关的案例，那是它将近 200 家供应商的庞大供应链。这其中，有两家中国公司负责供应电池：欣旺达和德赛电池。2012 年，德赛电池的营业收入规模高于欣旺达 1 倍以上。2018 年上半年，欣旺达的营业收入额超出了德赛电池 15% 以上，净利润也超过 50%。

德赛电池作为苹果公司的第一大电池供应商，58% 以上的业务来自苹果公司，来自苹果公司的收益占到了总营业收入的 60%~70%。这种状态一直延续到 2018 年，看似地位不容撼动，但也暴露了短板：过度依赖苹果公司。

另一方面，欣旺达的管理层选择了完全不一样的道路："去苹果化"。他们一边为苹果公司代工电池，赚取生存必需的利润；一边寻找新技术的突破方向，包括尝试生产扫地机等智能设备，还有动力电池。以 2018 年半年报数据为例，公司对苹果公司的依赖度只有 30% 左右。

第二节 领导者的"鼻尖"

与苹果公司相关的有700多个供应链企业,苹果公司为了弥补折扣损失,将成本压力释放到供应商,减产的减产,压低成本的压低成本,很多企业因此陷入危机,尤其是业务高度依赖的公司,净利润已经低到只有2%~5%,可谓是举步维艰。

前文提到的苹果公司全球第二大代工厂昌硕就是如此,当年6万多名工人每月极限产量能达到500万部手机,兴盛了一整座"火箭村"的产业链。可如今却颓态初生,因苹果公司砍单,iphoneXR的生产线被逐渐拆除。

昌硕腹背受敌,一边是苹果公司的减产,一面是竞争对手富士康的夹击。对于苹果公司的过于依赖是最大的危机。

再比如,全球CPU厂商Imagination,也曾是苹果公司的供应商,在接到苹果公司停止供货通知之后,股价一落千丈,只剩下30%。最终被中国私募资本——凯桥收购。

苹果公司的衰退具有如此明显的征兆,作为企业经营者为什么没有预见?是什么妨碍了他们的判断?

菲利普·泰勒克指出,我们每个人都有鼻尖视角[①]:每个人无意识地,几乎不费力地思考世界的模式,它是一种默认模式,无法被切换。同时它

---

① 菲利普·泰勒克.超预测:预见未来的艺术和科学[M].北京:机械工业出版社,2016.

也是一种视角,是每个人独一无二的主观视角。它既可以创造奇迹,也会造成非常可怕的扭曲。

企业家也具有自己的鼻尖视角。也许昌硕负责人认为,威胁不是来自苹果公司自身的战略失误,而是来自比自己市场份额更大的富士康——这更加说明,我们很多曾经看起来明显正确的判断,在日后却会被证明是彻底错误的。

第三节　谁能预测

一、整体衰落的生鲜电商

2017年是生鲜电商整体衰落的一年。4000家生鲜电商只有1%的企业盈利,4%的企业勉强盈亏持平,而88%的企业显示入不敷出的亏损状态,剩余的7%则是巨额亏损。曾经被看好的小而美的明星企业,一个个走下神坛。以高门槛、高频次复购著称的B2C电商蓝海孵化器,在危机的洗礼之下,发生了行业大洗牌。

死亡名单不断刷新。

曾经的行业佼佼者,像本来便利、美味七七、果实帮、抢先购、许鲜网等,都难逃厄运。背后原因很多,就拿许鲜网来说,曾经是火爆京城的"爆款",排名前三的明星企业,除了行业整体衰落的巨大影响,以及盲目扩展导致的问题,作为它致命环节的供应链,所酝酿的危机才是最重的一拳。

与许鲜网一样,90%的生鲜电商没有自己的农产品基地,80%的水果

与蔬菜产品来自批发市场，只有少量产地直供。多了一道冷库的工序，蔬果的质量无法调控，常常出现磕碰腐烂，水果的口感、品质等出现不稳定情况，用户体验大受影响。

加上生鲜电商本身瞄准的是30岁以上、平均家庭月收入万元左右的高薪高知白领，此类人群80%以上已婚有子，对于中高端水果的需求以及产品的质量有着绝对的标准。一旦无法保证产品的品质，哪怕只有少数的几次，都会被消费者彻底抛弃，更不要提什么客户黏性了。

有数据表示，我国的生鲜市场交易规模，从2013年开始，每年同比增长都在6%。2017年，交易额更是达到了1.79万亿元。虽然，互联网行业的风口对传统市场与商超产生了巨大的冲击，但是其依然是50后、60后、70后人群的主要消费渠道，而传统行业的可见性、可选性以及"以鲜为美"的特点，恰恰是生鲜电商的短板，同时也给予消费者更多的选择。①

4000多家生鲜电商都没有意识到危机的步步逼近吗？这是行业的悲哀。所有企业投资者、经营者都必须要警醒：我们到底能看到什么？

二、企业领导者预测三要素

企业家就像是战场指挥官，由于决策所需时间受到环境的制约，因此决策过程可能是迟缓、烦琐的，而当形式迫在眉睫时，它又可以简洁明了、直入主题。战场上需要的，是会独立思考和行动的战士，他们可以巧妙、果断、大胆地利用当前局势。他们知道，胜利有赖于每个人的努力，但是如果情况完全不像指挥部之前预测的那样，战士的信任将会动摇，执

---

① 观研天下. 2018年中国生鲜行业分析报告——市场运营态势与发展前景研究[R].

行任务的部队会感到茫然。

企业家必须善于平衡自己的执行力和对事态的判断力,这决定了他能在多大程度上成功建立团队,这些团队在整个指挥系统中又能多大程度复制这种平衡艺术。故步自封的领导者,将难以完成任务。

泰勒克指出,一个成功的预测需要三个元素[①]:"独特的思维方式、信息搜集的方法以及不断更新的观念"。

对于企业家来说,对形势做出正确预测,也需要做到以下三点:

(1)倾听下属并不悦耳的言论,这里往往藏着最宝贵的情报。

(2)创建多元化的言论氛围,让说话的人放松自如,而不是假意附和。

(3)保持自我谦虚与自信力的平衡。"一言堂"的环境中,谦虚无法发挥任何作用。

腾讯公司能够拥有今天的"版图",并不是马化腾的一人之力,在他看来,"应归功于集体的战略智慧、执行力以及自发的危机感。一个人无法预知和操控时代,要懂得分工协作,依靠集体智慧,设定各自的分工和管理权限,群策群力,果断执行"[②]。

[①] 观研天下. 2018年中国生鲜行业分析报告——市场运营态势与发展前景研究 [R].
[②] 李全伟. 马化腾:腾讯的制胜之道和最大挑战 [J]. 哈佛商业评论, 2015.

创业危机管理

第四章
时刻警惕

　　十年来我天天思考的都是失败，对成功视而不见，也没有什么荣誉感、自豪感，而是危机感。也许是这样（公司）才存活了十年。我们大家要一起来想，怎样才能活下去，也许才能存活得久一些。失败这一天，是一定会到来的，大家要准备迎接，这是我从不动摇的看法，这是历史规律。[1]

——任正非

---

[1] 任正非.华为的冬天[N].华为人，2000.

第四章 时刻警惕

　　波音公司成立于1916年，5年后便负债累累，只好生产家具求生。74年后，公司管理层保持着强烈的危机感，他们摄制了一部虚拟的新闻片，模拟公司倒闭的场景：天空灰暗，高悬着一块招牌，上面写着"厂房出售"，扩音器里播放着通知："今天是波音公司时代的终结，波音公司已经关闭了最后一个车间。"[①] 那声音仿佛掏空了厂房，员工们低垂着头，无奈地离开工厂。看过此片后，员工们无不受到巨大震撼。在波音公司的发展过程中，经历过近百年前的经济危机，罗斯福总统的反垄断政策危机，2001年的地震危机，还经历过材料安全问题的公共关系危机，但波音公司一次次地从危机中走出来，不得不说是得益于企业文化基因中的危机意识。

第一节　诞生于危机中

　　我们共同生活在一个周期性成长的商业逻辑中，人人惧怕寒冬。2018—2019年的冬天，既不是第一个"冬天"，也不是最后一个。有的企业准备不足，"粮食"不够熬过寒冬；有的企业蛰伏起来等待春天破土而出；还有的企业干脆做起冬天的生意，等不到春天就盘满钵满。

　　通用电气、微软、联邦快递和百事可乐这几家企业有一个共同的特点，那就是都诞生于危机时期。美国的考夫曼基金会在2011年发表的一

---

① 姜加文.由波音公司的假新闻所想到[J].经济视角（上），1998（8）.

份研究报告显示[①]，在美国标准普尔500强企业中，有超过50%的企业是在危机时期诞生的。美国过去的100年，宏观危机年份占了10%~15%的比例，但是却涌现出大量的超出比例的优秀企业，甚至诞生于危机时期的企业，比起其他企业，会拥有平均更高的投资资本收益率，即是说经营业绩更加出色。

一、少冒险、低负债的长江实业

2013年，马云卸任阿里巴巴CEO，微软72亿美元收购诺基亚，上海自贸区正式挂牌，美债危机导致美国政府关闭16天，我国进入4G时代，世贸组织达成首个全球贸易协定……，李嘉诚选择在此时抛售内地房产。经历过香港大萧条洗礼的李嘉诚以谨慎著称，比起国内一些企业的100%~300%的负债率，长江实业集团的负债率只有15%~20%。他首先保证资金安全，其次才考虑增值。他曾不止一次地说："不会冒险赚最后的钱。"李嘉诚选择2013年这一时间节点，是他看到了另一个危机：英国首相卡梅伦，在2013年1月，首先提出了英国脱欧公投。这是世界将从多元化的兴盛幻象中抽身，倒退向单边主义的征兆。

二、诚惶诚恐的社交之王

腾讯公司诞生于亚洲金融危机爆发的第二年，很快QICQ击败ICQ抢占了市场第一的位置。后来微信的诞生其实就源自腾讯的危机感。那时，微博从社交切入聊天软件，成为一个强大的竞争对手，腾讯高层立即就意识到了这个问题，于是马上分组研发。马化腾后来庆幸道："坦白地讲，微信这个产品出来，如果是在另外一个公司，那我们可能根本就挡不住。"

2019年1月15日，以微信为竞争对手的3大社交产品同时上线。联

---

① 刘俏. 从大到伟大：中国企业的第二次长征[M]. 北京：机械工业出版社，2014.

合实验室创始人方兴东,在当天零点十七分发文:"让竞争来得更猛烈些吧,打破过去五年微信独霸天下的沉闷格局……"马化腾也在凌晨两次留言,道出了一位企业家的真实心情。马化腾曾经直言:"诚惶诚恐地运营企业,也怕好景不长……""越来越看不懂年轻人的喜好……"这种渗入骨髓的危机感,也正是腾讯的生存之道。

防患于未然者易,除患于已然者难。

第二节 转危为机

在世界各个角落都弥散着尚未被察觉的危机。对于危机具有警惕意识的公司,固然也会经历挫折,但是每一次危机,都让它们变得更坚强。对于企业经营者来说,找到这些危机提前规避,甚至利用危机将其转化为机遇,是一种非常重要的能力。可惜它却常常被创业者和经营者忽视。

一、建立危机意识

理查德·帕斯卡尔是哈佛商学院的教授,他曾说过:"21世纪,没有危机感就是你面临的最大危机。"[1] 危机意识是一种对环境时刻保持警惕的思维能力,企业危机是企业运行周期中不可避免的因素。企业如果想要做成百年老店,不仅要完成人才、技术、产品、营销这些指标——它们是企业的核心竞争力,还要每时每刻保持着对危机的敏感性。

---

[1] 理查德·帕斯卡尔与乔治·帕森斯(George D Parsons)在哈佛的《商业评论》发表文章,提出"职业峰顶危机"论,指出越是对工作驾轻就熟的人,在事业登顶时越是容易迷失方向。

美国微软公司创始人比尔·盖茨说："我们离破产永远只有18个月"。

美国莱克斯肯传播公司曾经对美国企业总裁进行危机管理调查（1985年）[1]，其中89%的企业总裁认为企业危机就像死亡和税收一样不可避免，只有50%的企业总裁表示，他们已有危机管理的计划。还有40%左右的人，虽然知道危机的重要性，却没有一个应对计划。

这就意味着，将近一半的企业在危机发生后会出现束手无策的尴尬局面，让企业蒙受巨大损失。

二、应对危机的原则

1. 承认危机的存在

人们常常忽视低概率的危机，认为它发生的概率之低，没有必要对其投入更多精力。尤其是企业经营者，在繁重工作之余，考虑小概率事件，认为这是在浪费精力、财力。这正是让危机恶化的因素之一。因为拯救危机行动的成功与否，取决于决策者对危机事件的准确定位——简单直接的描述，能让那些有能力的人，采取正确的行动挽救危机。

2. 即刻采取行动

当我们能够快速定性危机时，要尽快行动起来。如果自己没有十足的把握，就去找有能力提供帮助的人，尽量争取更多的时间，最大限度地拖延危机爆发。此刻最大的敌人就是我们自己，停在原地躲过危机的概率太低，只有采取行动才有生还的机会。

---

[1] 王德胜.企业危机预警管理模式研究[M].济南：山东人民出版社，2010.

3. 预测危机就是机会

危机背后是机会。每次的宏观经济危机，都会有小部分人获利，就像电影《大空头》中的四位主角，他们看到了危机，于是把它变为了机会。尽管后来备受争议，但是他们的行动极为典型地证明了：危机也可以是机遇。

4. 紧盯远方，时刻警惕

将目光聚焦足够远的地方，远到能看到危机的出现。找到稳定背后的不确定因素，用长期发展的视角去衡量暂时的支出。就像华为的重新竞聘上岗事件。表面上任正非花费了 10 亿元，消除了诸如官僚主义、创新不足、铁饭碗等现象，实际上化解的却是即将到来的企业周期性衰退的危机。所以，这是一笔非常值得的投入。

5. 找到看见危机的人

每个企业中都有一些特殊的人，他们不一定在关键岗位上，却能够发现企业危机，在他人视而不见时挺身而出，发出危机警告。这个人需要有莫大的勇气，而他往往并不是企业的经营者，这些人具有共同的特点：愿意同大多数人一起推翻错误的体制，愿意激励他人一同行动。他们是那些看起来有一点点疯狂的人，为了避免灾难的发生，他们关键时刻能挺身而出，甚至会自我牺牲。

三、失败的经验比成功学更重要

20 世纪 90 年代，凭着巨人汉卡和脑黄金迅速腾飞的史玉柱，又因巨人大厦而迅速衰落。多年沉寂后，重新崛起的他，总结自己当年创业失败

的教训："创业者应该少去听一些成功人士的经验报告，相反，多听听创业失败者的教训会更有收获。"①

企业成功的经验总是有限的，而且常常带有宿命论的色彩；失败的经验往往包罗万象，让我们真实地看到市场的功利与冷酷，也让我们更加客观地理解市场。

本书的目的，就是希望和每一位在商业市场中摸爬滚打的"战友"，一起探索了解危机、管理危机的途径和方法，这在如今的时代具有重要的意义——我们已经不是，也不应该是，所谓只会追求无限利润的"草莽"企业家；经济和社会的责任要求我们快速成长——预见危机，规避风险，及时止损，这些是在未来的新征程上民营企业家必须学会的技能。

唯有如此，当危机到来时我们才能自信地说出："这次不一样了。"

---

① 刘米粒.揭秘史玉柱：欠债 2.5 亿之后他借 50 万创业重返富豪 [J]. 中国企业家，2017.

下篇
危机降临

当你站在世界顶峰时，当你的国家是世界上最强大的国家时，当你的公司成为业界翘楚时，当你成为某个领域的绝对权威时，你表面上的辉煌成就有可能掩盖你已经走下坡路的事实。[1]

——吉姆·柯林斯。

---

[1] 吉姆·柯林斯.再造卓越[M].北京：中信出版社，2010.

创业危机管理

第五章
断裂浪潮

历史教训是，尽管制度和政策制定者都得到改善，但是通常也会存在走向极端的诱惑。正如一个人不管一开始多么富有，都可能面临破产一样，不论监管看起来多么严，金融体系在面临贪婪、政治和利润时，也可能出现崩盘[①]。

——卡门 M 莱因哈特，肯尼斯 S 罗格夫

---

① 卡门 M 莱因哈特，肯尼斯 S 罗格夫.八百年金融危机史[M].綦相，刘晓锋，刘丽娜，译.北京：机械工业出版社，2018.

第五章
断裂浪潮

近一年，关于融资环境恶化、资金链断裂的声浪一波高于一波。不论是曾经的业界王者，称霸多年的商界巨头，还是新兴的"蓝海"悍将，资金链断裂浪潮裹挟的民营企业不计其数，阵亡名单正不断变长。

国家统计局的数据令很多分析者为之震动，"从规模以上工业企业同口径同比数据来看，2016年初至2018年供给侧改革影响的11个行业之中，规模以上统计样本中消失的1.1万家企业中，主要是私营企业"。另外一组数据更清晰，"从利润总额累计同比与累计值同比的偏差来看，2018年1—7月，国有企业的偏差非常小，累计同比增速为30.5%，而累计值同比增速为28.5%，相差2个百分点；私营企业的累计同比与累计值同比数据的偏离较大，前者为10.3%，后者为-27.9%，增速方向相反，竟然相差38.2个百分点"。还有一组数据更为直观，在金融"去杠杆"的影响下，私营企业资产负债率明显上升，从52.2%上升至55.6%，利息支出则同比上升11.8%"[①]。

原来曾经炙手可热的行业，如今变成了烫手山芋，投资者出逃，上市公司退市，企业重组或关闭，危机迫近如同推动骨牌般，将企业一个个撞倒。

第一节　房地产：高周转的陷落

截至2019年7月24日，已经有274家房地产企业宣告破产清算，其

[①] 苏培柯. 别让民营经济一蹶不振[J]. 中国经济信息，2018.

中还包括上市房地产企业。根据《中国经济信息》不完全统计：2018年，房地产企业到期债务，包括售权在内，约为5000亿元，是2017年债务总偿还额的3倍。其中，单单上市房地产公司新增债务就高达8520亿元，高出过去5年债务总和8200亿元。

万科高喊"活下去"，碧桂园深陷高周转危机，万达更是剔除了与房地产有关的所有项目。在"融资、囤地、复制楼盘、高速回流、还债、盈利……"整体的周转闭环当中，速度与资金是房地产企业生存的关键。从2017年3月开始，房市调控以及融资环境趋紧，债务危机一触即发——房地产企业的暴涨时代已经落幕。为了对抗严冬的到来，以及房地产市场调控持续紧缩的现状，很多民营房地产企业将"高周转"视为抵御危机的有力武器。然而，曾经的"灵药"，成为今天的"毒药"。

第二节 环保行业：三分之一的"水"没了

2018年以来，有关民营环保股票暴跌、退市，"卖声"不绝于耳。某环保公司财务总监说，他的直观感受是"风云突变"，标志性的转折点是东方园林发债事件。

有研究者指出[①]："社会融资规模总存量大约是180万亿元，资金管理新规出台后，65万亿元的非标业务停滞，在没有其他渠道补充的情况下，相当于市场上1/3的'水'没了。同时，非标融资过去对口的基本上都是民营企业和中小微企业，国有企业也不需要，所以受资金管理新规冲击最大的也是民营企业和中小微企业，这甚至被称为'精准打击'。"这些企业家曾经"清楚地知道旧的钱什么时候要还，但完全无法预测新的钱什么时候会到，导致很长一段时间内不敢做业务，只能等新的钱到了来填我的资

---

① 马维辉. 环保行业到了生死存亡的时候[N]. 华夏时报，2018-08-18.

金池,但现在资金池里的'水'也快耗光了"。[1]

第三节　制造业：从 PMI 指数看行业晴雨表

从中国的耐克订单变化,我们可以一窥制造业的业务下滑。"2001 年,中国生产了耐克 40% 的鞋子,而越南生产了 13%；到了 2005 年,中国份额降至 36%,越南升至 26%；2009 年,两国旗鼓相当以 36% 的份额并列；2010 年,越南涨至 37%,最终超过了中国的 34%"[2]。5 年过去,中国的生产份额下降到只有越南的一半左右。

2018 年 9 月,财新中国制造业 PMI 连续第 4 个月下降,降至荣枯线 50,且下行明显加速。在分项中可见,新订单指数继续显著回落,制造业需求进一步转弱。另外,新出口订单指数也在继续下挫,创 2016—2018 年最低,产出指数降幅较大,需求的持续收缩对生产形成拖累[3]。到了 2019 年 1 月,财新中国制造业 PMI 为 48.3,低于 2018 年 12 月 1.4 个百分点,为 2016 年 3 月以来新低。

有研究机构声称[4],在 2017 年年末,只有哥伦比亚一个国家的制造业正在萎缩,如今 30 个国家中有 11 个国家的制造业正在萎缩,而且这个数据中,还包括中国和德国在内。制造业萎缩正从这两国分别蔓延至亚洲和东欧,如果贸易战继续,这个数据很可能会继续变糟。

---

[1]　马维辉. 环保行业到了生死存亡的时候 [N]. 华夏时报, 2018-08-18.
[2]　黄晨. 中国的劳动力成本在上升吗？世界工厂的地位在削弱吗？财新网, 2011.
[3]　2018 年 9 月财新智库莫尼塔宏观研究主管钟正声称, 中国制造业 PMI 降至 50, 连续第 4 个月下降.
[4]　发布 PMI 的 IHS Markit, 其首席企业分析师 Chris Williamson 表示, "我们得到的大量证据显示, 贸易战和关税担忧难辞其咎, 而且这令未来一年的前景蒙上阴霾", 2019-02-18.

制造业中的中小民营企业成本居高不下，融资能力下降，出现资金链紧张、断裂及无力还款等情况；另一方面，平安银行半年报显示，制造业不良贷款率暴涨七成，创下历史新高。

第四节 金融业：社融增速见顶

2018年夏天，全国共有200多家P2P平台出现了逾期、跑路、倒闭、经侦介入等情况。曾经众星捧月的金融业，也逃不过命运的潮汐。

2019年7月，社会融资规模增量为1.01万亿元，比上年同期减少2103亿元。据分析，主要是信贷融资和表外非标融资大幅缩减拖累7月的社会融资规模。其中信贷融资增加7865亿元，同比少增4223亿元；表外非标融资减少6226亿元，同比多减1340亿元。①

在中国经济去杠杆的大环境下，市场流动性正在整体收紧。企业融资难度加大，融资时间拉长，成本抬高，债务性投资产品面临更大的压力，违约风险也将陡然提高。

第五节 头部企业：未能幸免

吉姆·柯林斯曾说："当你站在世界顶峰时，当你的国家是世界上最强大的国家时，当你的公司成为业界翘楚时，当你成为某个领域的绝对权威时，你表面上的辉煌成就有可能掩盖你已经走下坡路的事实。"②

---

① 张茜.7月份社会融资规模增量为1.01万亿，比上年同期少2103亿.央广网，2019-08-13.

② 吉姆·柯林斯.再造卓越[M].北京：中信出版社，2010.

第五章 断裂浪潮

从 2017 年的辉山乳业股价闪崩开始，头部企业的跌落就一直未能停止。当时，辉山乳业在短短一小时内市值蒸发 320 亿港元，被称为港股史上最大跌幅。谁能想到，随后的 2018 年，全国 500 强的盾安集团又爆出 450 亿元债务，被称为中华人民共和国成立以来民营企业最大规模的债务危机。随后的 6 月，安踏、特步、361 度、李宁，都遭遇了 GMT（国际做空机构）的做空。中国第一大室内运动品牌浩沙国际（02200.HK）也未能幸免，股价暴跌 86.19%，被戏称为"一日成仙"[①]，待到 2019 年宣告破产，前后不过一年时间。

除去传统行业，新兴领域也不安宁，电动车领跑者蔚来，据称 4 年亏损 400 多亿元，美股股价在 2019 年 9 月跌至 2 美元。[②]

商业战场上从不缺少头部企业，原来的第一品牌倒下去了，总会有新的品牌上来。问题是，在这个过程中真正受损的是消费者、员工，是社会的稳定，乃至投资资本的效益。从战略定位的角度看，"成为第一，胜过更好"[③]，如果换成危机应对的视角，应该是"成为幸存者胜过成为死去的第一"。

[①] 港股市场将每股股价低于 1 港元的股票称为仙股.
[②] 王明弘. 蔚来汽车股价一度狂跌 27%，4 年"烧"掉 400 亿，还有未来吗？[N]. 证券时报，2019-09-25.
[③] 特劳特·里夫金. 与众不同[M]. 北京：机械工业出版社，2011.

创业危机管理

第六章
财务黑洞

第六章
财务黑洞

财务：民企的达摩克利斯之剑

2018年下半年，民营企业融资池收紧，资金链异常紧张，加上债务违约浪潮，信用危机下的"从众效应"等重度因素，让85%的民营企业不得不依靠"借新还旧"的方式度日。[①]

招商银行首席经济学家丁安华撰文指出，中国民营经济特别是私营企业的发展陷入了改革开放40年来前所未有的困境。"从资产负债率看，一直以来是国有企业高杠杆，私营企业低杠杆。但是，2017年以来的变化出乎意料：国有企业资产负债率略有下降，从61.1%下降至59.4%；私营企业资产负债率明显上升，从52.2%上升至55.6%"[②]。

在去杠杆的大背景下，原本百花齐放的企业，其表现却大相径庭。这里的差别主要在于，每个企业的发展与战略规划、资本控制各方面的均衡性差异。这就要求企业的CFO，既要会"踩油门"，整合社会金融资源，助力企业快速发展，更要学会"踩刹车"，让企业避免系统性风险。要做到这一点，就要求财务管理者既要熟悉金融市场的各项业务规则和相关管理制度，同时又要有扎实的管理会计知识和技巧，能够将各项外部因素与企业的现实情况进行综合分析，给企业的经营者以具有说服力的决策建议。

另一方面，货币资金是企业流动性最强、最没有风险的资产，是企

[①] 杨为敩，王开.民企沿疴难起，央行背书能打破"羊群效应"吗？百度新闻，2018-10-25.

[②] 丁安华.私营经济遭遇40年最大危机[J].招商银行研究，2018.

业生存与发展的基础。一旦货币资金匮乏，公司的管理层就丧失了独立决策的权利，外部债权人和银行就可能干预公司的持续经营，打破公司发展的路径，甚至使公司遭遇破产、强制性重组、接管等其他命运。企业的正常运转必须保持一定量现金储备和运营资本，同时必须有适当的现金循环。

危机一　扩张陷阱

企业扩张是一项战略决策，也是一项复杂的工作，它还伴随着高风险性。

企业扩张遭遇瓶颈，通常都是资金问题，毕竟规模、营销、研发、收购兼并、资产重组等无一例外都需要资金。很多时候，我们在做决策时会得意于企业的内外部条件，认为是扩张的机会来了，绝不可错失。须知，任何机会都要与企业实力相匹配，如此才能完成扩张的目标。否则，扩张就是盲目的。它不仅会让我们偏离核心使命，分散有限的资源，造成企业内部的混乱，等等，还会带来无休止的财务问题，最终使企业走向衰落。

案例　"最大""前沿"，不一定具有生命力

1."大"好喜功

在中国人的潜意识里认为"大"就是好。到了市场经济时代，这样的观念又造就了一大批追逐规模的粗放型企业。

站在O2O风口上的独角兽——星空琴行就是典型的案例。当年，星空琴行以"线下体验导流到线上服务"的轻资产路线，运营传统的教育机构。以销售钢琴和培训课程做到了过亿元的营业收入，5年的时间在19个城市开设了将近70家线下直营店，仅艺科教师就近千人，却在2017年以破产告终。星空琴行发声：由于过往的盲目扩张使资金链出现问题，"导致突发暂停营业事件"。

一旦外部危机爆发，最先受资金链冲击的，往往就是盲目扩张的企业。比如1997年开始的亚洲金融危机，大量企业拼命投资，闯入新行业、新领域，打造大而全的商业帝国。企业的边界被不断拉伸，一旦超出能承受的限度，又会引发债务危机。

2. 超前布局

对于企业来说，领先行业一步半步，很可能就是行业的先驱，领先两步三步，那就是"先烈"了。

比如，曾经获得"中国连锁百强企业""中国软件百强企业"称号的一丁集团，在2015年宣告破产，百家分店被迫关闭。副总裁林某告诉媒体："（总裁）他的心太大了，他要改变零售的业态，一口气在全国开十几家智能生活体验馆，每家投入及亏损额度惊人……。打造一个包罗未来物联网社会所有方面的网站，要做中国最大、最专业的IT技术上门O2O，提前3年布局，为传说中2018年全面到来的物联网社会做准备。"[1]可惜银行和厂商都

---

[1] 陈强. 盲目扩张致全国"双百强"民企破产[N]. 中国青年报, 2015-12-02.

没有等到布局成功的那一天，一丁集团的资金链的断裂让一切梦想成为妄谈。

对技术的超前布局，会成为企业的资金黑洞；对用户需求的超前布局，也同样会毁了企业。

韩国最大的连锁咖啡店"咖啡陪你"，拥有全球加盟店3500家，"以比全世界任何咖啡企业更快的速度成长"，营业额超过50亿元，打破世界最快500家加盟店纪录……。这家带有韩国基因的合资企业，在2012—2014年一路狂飙，以每年200家的速度在中国落地近800家加盟门店，仅次于进入中国20年的"老大哥"星巴克。它开启了疯狂的跑马圈地模式，并立下豪言："到2015年，全中国连锁店达到5000家，然后去香港上市。"然而，我国现磨咖啡市场有限，民众对于咖啡的消费能力不到韩国的1/3，全国2万家咖啡店只有不到3成是盈利的，这种以赶超客群的速度进行的扩张，结局可想而知。创始人韩国"咖啡王"姜勋，选择在洗手间结束了自己的生命，合伙人损失惨重，破产清算。

一、危机：盲目扩张导致财务危机

上述盲目扩张的民营企业案例中，我们能看到一条清晰的脉络，不论是何种方式的盲目扩张，最终带来的必定是财务上的风险，当风险无法遏止，危机到来时，有如下几个特征。

1. 积累性

盲目扩张阶段带来的财务压力，具有一定的累积性。像贷款、配分、使用、回收、债务等财务活动，都会打破即有的规律而产生问题。这些细小的失误叠加在一起，会让财务逐步走向恶化。不可控的因素越来越多，企业对抗危机的能力越来越弱，最终导致财务危机爆发，资金链断裂，企业陷入困局。比如乐视，为了支撑扩张，不断地融资、抵押、担保、再融资……，如此循环往复，融资成本与管理成本不断累积，挤占了盈利主业资源。当只能依赖输血生存时，企业离生死存亡的边界也就不远了。

2. 突发性

盲目扩张引起的财务危机，突发性概率要大于正常情况。平时我们可以把控的主观因素，会在盲目扩张下被放大，变得不那么稳定，企业对抗短期危机的控制能力也大大降低。

比较典型的如2018年7月破产的晨曦集团。几年的盲目扩张业务，财务上一直呈现紧张状态，而2013年银行忽然抽走了集团190亿元的流动资金，敲响了覆灭的丧钟。晨曦集团作为民营500强、外贸500强、外贸民企500强，每年的营业收入达到500亿元人民币。应该具备足够应对突发性财务危机的调控能力，然而，却死在了114亿元负债之上。

3. 可逆性

企业遭遇的某些财务危机，不管是否因为盲目扩张，都具有一定的可逆转性。只要我们即时采取有效措施，还是能平安脱险的。只是如果不从根源上解决问题，企业未来仍旧存在经历同样危机的风险。

很多企业经历这样的生死轮回，星空琴行也在其列。2016年1月，星

空账面上现金流仅剩110万元，次月管理团队向外借款450万元渡过难关。此时的星空琴行仍有融资能力，却未珍惜这一机会，仍旧不合时宜地盲目扩张品类。最终，在一年以后破产。

二、对策：加强流动性管理

流动性风险[①]不仅会影响企业的生产经营、产品销售，还会影响企业的声誉、融资以及投资的成本，还是引起财务危机的重要原因之一。民营企业资金链的断裂，从根源上讲，其实就是流动性风险不断累积的结果。关于流动性风险的管理，主要涉及3个部分，即现金流量管理、资产流动性管理及负债流动性管理。

1. 现金流量管理

现金流在特殊时期的地位十分重要，尤其是经营性现金流是否充沛，在资本寒冬的阶段，它的重要性甚至超过了利润。最简单的一个道理，企业运营不缺钱就不会死，活下来才是王道。

特殊时期，有两个原则是我们应该注意的：首先，尽量保证现金流足够支撑日常运营的需要，最好留有未来6个月的存量。其次，对现金流动性做出预估判断，保证经营现金流、偿还贷款、融资投资等方面的营业收入与支出平衡。

2. 资产流动性的管理

在资产流动性的监控与管理中，重点是能否满足企业运营的需求，以

---

① 流动性风险，是指企业由于缺乏获取现金以及现金等价物的手段而招致损失的风险．

及能否偿还短期债务，也就是应对突发性财务危机的能力。换句话说，资产流动性的管理，是对黑天鹅小概率危机的防范。这是一个系统性的工程，检验的是企业经营者能否站在全局的高度，用战略的思维，去筹划资金预算，达到企业运营与防范危机的目的。

3. 负债流动性管理

负债流动性管理，主要是防御大周期环境下的市场异常性波动。强化自身融资能力，提前做出融资规划。负债结构的规划，必须要与企业自身能力相匹配。

延伸阅读　　"第一"胜过"更大、更好"

企业成功之后，扩张的期望更加强烈，于是出现一种恶性循环，不断追求更大、更好，但是却发现付出和收获越来越不成比例。这对企业来说，不仅会冲击企业文化的凝聚力，而且也会伤害员工的积极性，在企业面临财务问题时，员工的工作效率很可能已经降到了危险的临界点。

特劳特在《定位》里曾经指出："第一胜过更好。"

我们的企业常常追求"大"，以为大企业就是战无不胜的卓越企业，殊不知，规模大并不一定卓越，卓越并不一定规模巨大。对于大部分中小企业来说，"好战略"是使企业成为某一个细分领域里的第一，而不是通过高杠杆扩张、吞并，成为表面臃肿、内在虚空的"更大"的企业。

危机二　融资障碍

有些决定一直受到我们的极力谴责，有些决定甚至在一两天之前我们还不打算做出，今天居然都通过了。造成这种结局的，除了危机再无其他[①]。

——比劳·凡尔纳

《中国财经报》曾经刊登过一则数据："中国财政科学研究院2016—2017年期间对12 860份有效样本企业的融资情况进行调研分析，结果发现受访民营企业从银行以外其他途径的融资，从2016年的1.92亿元迅速滑落至2017年的0.69亿元，而银行贷款仅仅增加不到6000万元。2018年开始增量转负，其中信托贷款、委托贷款存量规模较上一年同期下降7.82%。民营企业的银行贷款成本比国有企业高出近2个百分点，债券融资、股权融资两种方式的融资成本比国有企业高出约1个百分点，其他融资成本也比国有企业高出0.2个百分点。"[②]

一、行业现状：融资成本高，难度高

民营企业要承受高达12%~22%的融资成本压力，欧美企业融资成本平均控制在3%左右，而中央企业的融资成本则为6%。非银行金融市场的资金成本更是没有上限的，以利率较低的信托资金为例，年利率至少在12%以上，相当于银行贷款基准利率上浮100%。

[①] 古斯塔夫·勒庞.乌合之众[M].北京：中国友谊出版公司，2019.
[②] 顾湘，杜丽娟，张晓迪.民企何以为艰[N].等深线，2018-08-12.

1. 利差高企

近两年，大量民营企业出现债务违约潮，如果结合融资的现实环境，我们会发现这并不令人意外。

东北政券对民营企业融资成本做了调查。首先，民营企业的融资成本等于无风险利率、信用利差与民营企业利差之和，也等于国有企业融资成本和民营企业利差之和。该研究报告将2013年的0.5作为合意水平，随后发现，但凡经济下行压力增大时，民营企业利差就会失衡高企。

调查表明："民营企业利差反映的是，相对于民营企业，宏观上的信用资源向国有企业倾斜的程度。利差越大，表明金融系统越倾向于给国有企业注资。当前民营企业的盈利能力虽不及2012年，但融资成本更高，这是此轮债务违约浪潮的主要原因。更深层次的原因在于去杠杆环境下国有企业部门对民营企业部门的融资挤兑。"

其次，融资来源越少，融资成本就会越高。当民营企业通过银行融资受阻，通过发债等直接融资渠道又有较高的壁垒时，那就只能退而求其次，通过非标、民间借贷、P2P等融资途径。于是，债务成本大幅升高，这又将直接增加经营成本，企业盈利能力就会大打折扣。

2. 盈利率降低

民营企业的盈利率持续下滑，基础面趋于弱化，是融资遇冷的痛点之一。"在经济增长结构调整以及贸易摩擦的大环境之下，叠加环保、社保、税收、融资等压力，2017年以来企业营业收入增速从高位回落，其中民营企业营业收入同比增速从2017年6月的30.87%大幅降至2018年9月的17.60%。利润增速方面，民营企业利润增速放缓明显，且较国有企业提前

一个季度回落。"① 从 2017 开始，民营企业盈利能力大幅衰退。到 2018 年，民营企业盈利率甚至不及 2012 年。

3. 不友好的融资环境

从 2017 年上半年开始，银行对民营企业的融资贷款审核越来越严格，尤其是没有固定资产抵押，又找不到担保的中小微民营企业，多数依靠中介机构，承担高额核算费、中介费等支出，但是面对银行的风控机制和贷款体系，民营企业根本无权"议价"。如果涉及股权融资，诸如担保、质押、变更等流程涉及的内容众多，手续烦琐。贷款数额往往会少于原定计划，融资成本却至少是总金额的 10% 以上。

2018 年全年，中国人民银行几次降准，商业银行响应政策提出支持民营企业，"存款准备金率的资金堰塞湖"② 形成。于是，准备金率降了，资金流动到商业银行系统中，但是却难以从商业银行流出，回到实体经济领域——民营企业融资仍然闭塞。

4. 资本寒冬

2018 年 6 月 1 日到 7 月 12 日，仅仅 42 天，106 家 P2P 平台爆雷，7 万亿元资产瞬间蒸发，整个行业处于阵痛当中。私募暂且躲过一劫，但日子并不好过，中美股市一蹶不振，大批的私募基金主或是主动或者被迫清盘。股神王亚伟管理下的产品全线亏损。截至 2018 年秋末，清盘的私募产品 4045 只，涉及 1942 家私募机构。有 1539 只产品净值徘徊在 0.7~0.85 元，还有 1116 只低于清盘线 0.7 元，12 万亿元的私募基金面临 5 年以来

---

① 游云星，梁瓒.解码违约民企，回归内生发展——2018 民企违约启示.搜狐鹏元评级，2018-12-27.
② 周萃.打通资金"堰塞湖"降准资金需有效惠及实体经济[N].金融时报，2019-09-23.

最大清盘潮。[①]

《2018年世界投资报告》指出，2017年全球直接投资减少了23%。从新增创业公司的数据上，或许能看出其中的问题。2018年前9个月，新增公司的数量仅仅为1245家。反观2015年，新增公司的总数为20 895家；2016年减少约四成，为12 012家；2017年再减近一半，为6672家。新增企业每年以50%的数量在持续减少。资本的降温并没有停止，业内人士坦诚："上下游没钱了，金融机构没钱了，风险投资人也没钱了。"

二、危机：融资障碍

民营企业自改革开放以来，其融资渠道就不算通畅，从外界得到的资金支持与自身的发展速度并不匹配。只有少量头部企业能享受到融资红利。对于多数民营企业来说，融资障碍主要来自三个方面。

1. 融资体制不兼容

国有银行和国有企业之间的依存关系在现行的融资体制中具有不可拆解的性质。现行的融资体制，主要是为了适应国有企业外源融资的需要建立起来的，对于民营企业而言，外源融资很难通过这一体系实现，因为链条的每一节对民营企业都具有排斥性。[②]

2. 自身的障碍

民营企业自身存在着很多问题，主要表现在以下几个方面：其一，基

[①] 蒋金丽. 4045只！前三季度私募清盘数量创5年来新高[N]. 国际金融报，2018-11-15.

[②] 刘小刚. 我国民营企业融资问题研究[M]. 北京：北京理工大学出版社，2017.

于某些顾虑，没有如实申报财产，导致评估失败；其二，由于缺乏对市场的正确判断，使企业根基变得脆弱，抗风险能力降低，导致银行出于风险控制理由不予受理；其三，由于企业管理松散，财务制度不健全，导致信用评级和审批失败；其四，由于不能提供有效财产作为抵押，导致物权抵押失败。

3. 相关市场主体障碍

地方或者社会机构谋取不当利益，也可能引发融资障碍，包括融资成本过高，或者由于担保机构不健全引发担保缺失，等等。

4. 融资"黑天鹅"

截至2019年1月25日，美国政府停摆了34天，关闭了9个部门。数十个政府机构，包括美国证监会（SEC）、国税局等，以及和经济密切相关的部门，竟然悉数休息。美国政府公务员的工资被克扣，怨声载道，谁又能想到，在太平洋的另一端，中国有20家企业还在排队等候赴美上市，融资总额达到98.6亿美元[1]。这些企业本以为能摆脱国内的融资限制，没想到却遇上特朗普政府的"边境墙"。赴美上市的企业，原本是打算逃离国内股市，却遇上美国政府的"黑天鹅"事件。如果拥有充足的现金储备，等待时间可能还不会造成严重的后果，但是如果公司本来就是"逃命"，那么一步没接应上，下一步很可能就不会有机会了。

三、对策：苦练内功，造血自救

银行本身也是市场经济的一部分，也有营业收入效益的度量，也会追求盈利；而资金作为其产品，规避风险是自然而然的事情。

---

[1] 风间海色.创业邦：美国政府停摆第34天，20家中国创业公司的生死一线[J].创业帮，2019-01-25.

福耀玻璃创始人曹德旺在 2018 年接受采访时说："要自己救自己。要意识到，中国的企业家是中国精英人群的一分子，而在这 1 亿多的精英人群后面是 12 亿打工的人。如果要求国家来救这部分精英，谁来救精英人群后面的十多亿人？"①

如果我们想在银行获得更大的权重，降低在银行风控体系中的不确定性，正路只有一条：完善自身。包括减少高杠杆负债，规范账务制度，财务信息透明化，保持良好的征信，资金用途合理与结构合理，等等。另外，曾经像野草般长大的民营企业，想要依靠国家的金融机构"输血"，这不可能是长久之计。即便能够依靠它们，也必定会出更大的问题。比如，近期大量企业因为股权质押带来的现金流问题，导致濒临破产，只好盼望国资救场。但是，这样的结果是企业不得不易主，原本带来成功的创始人风格、企业文化可能都不复存在。

所以，我们与其把所有希望寄托在银行的"施舍"上，不如苦练内功：真正做到创新，科技领先，解决市场痛点，如此才能从根本上解决融资问题。

危机三　债务囚徒

我们可以降低经济生活中 90% 的黑天鹅风险……，我们所做的只是不去做投机性的债务。

——塔勒布

---

① 侯润芳. 如果要求国家去救企业家，谁来救 1 亿精英后面 12 亿打工的人？. 福耀新闻，2018.

网络上盛传这样一副对联。上联：拆东墙补西墙，墙墙不倒；下联：借新债还旧债，债债还清；横批：资本运作。大多数的企业对举债经营已经习以为常，如果负债率平均在70%左右，已经是安全范围，某些行业甚至高达100%以上。当弱周期到来时，债务很可能成为扼杀企业的"元凶"。

一、行业现状：偿债违约潮到来

截至2019年4月，一共有133家民营企业偿债违约，违约潮的到来已经达到了临界点。无论是在夕阳行业，还是传统行业，即便是一些高评级企业，也难以幸免。偿债违约的企业也有共性："本身财务杠杆过高，对外投资风格激进；债务结构不合理，或者没有管理好企业的债务期限，出现了债券、债务集中到期的现象"[1]。

2017年，全国发行了将近7000只债券，其中用于偿还借款的债券占比为40%；到了2018上半年，发行不到3000只，用于偿还借款的占比超过50%。在2016年以前，企业债偿还量不到1000亿元，3年后，竟然超过4300亿元，而且其中90%属于民营企业[2]。从社融增量来看，2018年1—7月新增企业债券融资累计12 409亿元，较上一年同比增加13 496亿元，债券融资大幅放量，非标紧缩与债券融资成本走低是本轮发债改善的主要原因。但从结构上看，民营企业在债券融资方面较2017年大幅恶化，已衰退至历史低谷。另外，2018年1—8月，"民营企业累计净融资1877亿元，国有企业累计净融资15 541亿元；而上一年同期数据是，民营企业4508亿元，国有企业2142亿元；前年则是民营企业8696亿元，国有企业19 366亿元"[3]。民营企业融资量陡然下滑，可见生存状况之严酷。

---

[1] 贾国强.A股上市公司债务风险扫描[J].中国经济周刊，2018-06.
[2] 警惕企业债券违约，民营上市公司成新增违约主体[J].中国经济周刊，2018-06.
[3] 曹哲亮.民营经济之殇，何以解忧？——民企融资难专题报告[R].东北证券宏观研究报告，2018-09.

二、危机：债务囚徒

1. 弱周期里的多元化危机

有人说中国制造业有两个陷阱：一个是核心技术提升，但并未带来核心的利润；另一个是被动的多元化——非但没有让企业更安全，反而将企业变成一头"灰犀牛"。

比如制造业明星企业盾安集团，在2018年5月遭遇流动性危机，违约前夕的有息债务总额高达450亿元。表面上看来，此次危机是由于传统业务下滑，逼迫企业扩张，寻找绝对利润，实际上盾安集团的业务板块既没有上下游的联系，也没有形成生态产业的闭环。从生鲜类三文鱼到姚生记炒货，从风电、机械制造到房地产，等等，布局一片散乱。盾安集团内部人士表示："融资渠道中断固然对盾安造成了直接冲击，但其多年来依靠融投资推动的规模急速膨胀和盲目激进的多元化战略，才是形成这次危机的根源。"[1]

融资条件宽松时，很多企业的多元化经营是通过债务杠杆进行的，于是短期内涉足多个行业，却难以消化增量，反而酝酿出更多风险。很多上市公司都曾推崇这种战略，却未曾预料到，一旦进入金融弱周期之后，反而就成为压倒企业的大山。

2. 发债受阻，旧债难还

创立于1992年的A股上市公司东方园林，被誉为中国"园林第一

---

[1] 李超，张琴.盾安巨额债务危机溯源：从三文鱼到风电的多元化困境.腾棱镜.

股",发债是其最主要的融资渠道之一。2018年5月原计划发债10亿元,结果缩为5000万元,这导致股价连续重挫。这一年的上半年,东方园林应收账款周转率为0.78次,远低于社会平均值7.8次。一般情况下,应收账款周转率越高越好。周转率高,说明收账迅速,账龄较短,同时亦表明公司资产流动性强,短期偿债能力强。东方园林仅0.78次的周转率亦说明其流动性态势异常紧张。

不仅如此,东方园林的负债情况也不容乐观。"2018年上半年,东方园林负债合计282亿元,其中流动负债已高达254亿元"[1]。与此对应的是,2018年下半年,"东方园林应还本付息的短期债券共5笔,本金合计39亿元,算上相应利息,本息和超过40亿元。半年内40多亿元的到期债务,账上不到10亿元的现金"[2]。这场债务危机持续到2019年下半年,直到国资委入驻才算告终。

2018年的东方园林发债事件,成为民营企业"新债偿还旧债"的分水岭,也是民营企业债务困境的一个缩影。

3. 股权质押遭遇股市低迷

2018年6月,A股质押比例超过总股本50%的上市公司有129家。据统计数据显示,404家上市公司控股股东股票质押触及平仓线,市值达3000多亿元。其中10家公司质押数量占A股总股本的比例超过70%。至少有29家公司的第一大股东将其所持股份全部进行了质押。

很多企业的第一大股东都是企业家本人,为了企业经营而将股票质押用到极致,以最大限度地融得资金,获取流动性。但是,一旦将所持股

---

[1] 冉学东.东方园林发债何以"阴沟里翻船"[N].华夏时报,2018-05-22.
[2] 同上.

份全部进行质押，将丧失进一步利用追加股份补充质押的空间，这将给自身带来强制平仓的风险，严重的可能丧失公司控制权。不仅如此，股权质押还有其他风险：上市公司及其实际控制人违规风险，上市公司股价短期大幅下跌风险，上市公司股票流动性减弱风险，不合理规避限售及减持规则风险，质权人无法及时处置质押股权风险。另外，当股权质押出现爆仓或接近平仓线的情况，补仓和按季还息的压力会让部分大股东进行短期拆借。

上市公司股权质押这种融资行为也是金融市场环境下的无奈之选。首先，民营企业的债务问题，并不是大股东"无股不押"造成的。在目前中国的金融市场环境下，银行等金融机构的低成本资金需要企业提供流动性较好的资产作为抵押品。在融资难、融资贵的背景下，上市公司股权质押融资就成了必然选择。

对外经贸大学公共政策研究专家苏培科指出："在实体经济不景气和资金链收紧的情况下，资金回流自然就会受到影响，因此民间高利贷再次盛行，而如此高昂的利息只会让全社会的资金链和信用链崩溃。"[①]

4. 应收账款无限超期

企业在盈利情况下也会出现资金周转问题，这通常是应收账款收账周期过长、无限超期导致的。通常来说，应收账款在流动资产中占比重很大，很多企业对应收账款的催收都经历过痛彻的感受，但对其可能引发的财务危机却重视不够。

这是由于它会带来一种"账面利润"的假象，让决策层很晚才能意识到这一问题。一方面，应收账款带来营业收入与利润，需要缴纳相关税费；

[①] 苏培科. 重视债务问题，保留民营企业创新与活力. 中新经纬，2018-09.

另一方面，应收账款一旦产生，就意味着企业已经支出了生产耗费和销售费用，但此时它还没有进项。它带来了"物流"，却不能在现金流转变为物流后，再将物流变为现金流[1]。

应收账款只是看上去很美，它的超期问题常常隐藏在资金链断裂、战略失误、债务违约的背后，成为企业的一种毒药。遭遇这类问题的企业，通常以服务B端客户为主，这些客户既有中小企业，也有大型上市公司、海外企业，或是地方政府。

比如电视巨头长虹公司，"从1999年的4.67亿元下降到2005年一季度的1.09亿元，明显低于其他三家彩电业上市公司的同期应收账款周转率。2004年12月底，长虹发布公告称，由于计提大额坏账准备，导致公司面临重大亏损。分析声称，由于受专利费、美国对中国彩电反倾销等因素影响，美国进口商Apex公司作为长虹的大客户，在当时出现了较大亏损，全额支付公司欠款存在较大困难。Apex是四川长虹的最大债务人，应收账款欠款金额达到38.38亿元，占应收账款总额的96.4%。2005年，在4.675亿美元的欠款中，长虹可能收回的欠款只有1.5亿美元，这意味着还有3.175亿美元（近26亿元人民币）的欠款面临无法收回的境地"[2]。

还有如前所述的东方园林，2017年的回款金额和回款速度明显不高，且回款天数皆超过半年并不断累积；应收账款由2013年年底的31.54亿元增加至2017年年底的74.71亿元，增幅较大。PPP项目是公司和政府合作建设的公共服务设施，上市公司参与PPP项目建设，需与政府一起设立SPV(特殊目的公司)，并先期投入资本金。这部分资金需要上市公司通过股权、债券"自融"，这使得东方园林除应收账款外，存货和债务均不停走高，这也是PPP类公司面临的通病。

---

[1] 周春生.企业风险与危机管理[M].北京：北京大学出版社，2015.
[2] 贾艳梅.由四川长虹的应收账款危机谈企业应收账款的管理[J].中国市场，2013.

所幸，政府对于"专项清欠行动"做出了明确的指示：一是凡有此类问题的都要建立台账，对欠款"限时清零"；二是严重拖欠的要列入失信"黑名单"，严厉惩戒问责；三是对地方、部门拖欠不还的，中央财政要采取扣转其在国库存款或相应减少转移支付等措施清欠；四是要继续大力清理规范工程建设领域保证金，大幅提升商业债务违约成本，严禁发生新的欠款[①]。

三、对策：预见出清

1. 明斯基时刻

美国经济学家海曼·明斯基是熊彼特的学生，他在20世纪提出了"资产价值崩溃的时刻"。他认为："经济有天生的不稳定性，当经济发展好的时候，投资者倾向于承担更多的风险；但是，经济在向好发展时，投资者承受的风险会随之加大，直到某一天超过收支平衡点，然后全盘崩溃。这个崩溃点就被命名为明斯基时刻。"[②]。

通俗来说，金融是建立在资产的信心之上的，当有一天人们突然意识到，所购买的所有金融资产——股票、房地产、基金、银行、证券公司开始变得一钱不值，放贷人想尽快回收借出去的款项，所有人失去信心，大家疯狂地想逃走，却没有一个人逃得出去，这就到了资产价值崩溃的时刻。

到了2018年，"明斯基时刻"和"灰犀牛"成为金融圈两大年度热词，甚至与债务崩盘划上了等号。

---

① 许孝如. 国办牵头清理国企欠款：已有省份摸底拖欠民企. 券商中国，2018-11-14.

② 海曼·明斯基. 稳定不稳定的经济：一种金融不稳定视角[M]. 北京：清华大学出版社，2010.

2. 结构性出清

有研究者给2018年的债务市场确定了一个主题词：结构性出清。"行业的发展，从无序到有序，从弱小野蛮到群雄崛起。在货币的宽松周期中，往往是普度众生，投机者与实干家同兴；但在货币的紧缩周期里，则会出清投机倒把"[①]。

在经济周期的轮回中，一个拥有庞大债务体系的国家，必然要不断地调整、出清，实现新的均衡。一旦国家政策转向，由过去注重"数量"到现在注重"质量"，过去曾经依靠债务扩张支撑经济发展的逻辑将被果断抛弃，随之发生的就是对存量的调整，也就是"结构性出清"。

比如，共享出行行业，被大量淘汰出局的中小公司，它们并非没有发展的潜力，而是当企业的发展遭遇债务的出清周期，资金储备量不足、资本有限的企业将被淘汰。曾经的乐视，在宽松期凭借股票质押融资，当市值缩水又叠加融资受阻时，债务规模远大于资金规模，最终落入债务困局。

企业只有在货币宽松期储备能量，聚焦业务，才有可能扎牢根基，抵抗未来的风暴。

3. 僵尸企业出清

僵尸企业，是指依赖非市场因素维持生存的企业，比如政府补贴、银行续贷。他们的僵而不死会逐渐成为经济发展的累赘。有研究指出："2015年，山东省管企业实现利润172亿元，其中盈利企业盈利额为556亿元，亏损企业亏损额为379亿元，相当于2/3的利润被吃掉了，而亏损

---

① 靳毅.巨债之殇.财新网，2018–05.

企业中僵尸企业占比重大"[1]。

过去，各地方政府考虑到就业、经济指标等因素，会要求地方中小金融机构为僵尸企业继续提供资金。金融机构（以银行为主）为了避免贷款不良率增长，即便深知是僵尸企业，也仍会继续为其"输血"。这就形成了恶性循环，如同一个随时可能发作的毒瘤：如果"输血"不足以维持僵尸企业的"生命"，或者面临重组清算，就会引发债务违约，地方金融机构的"明斯基时刻"也就到来了。

经济周期是任何企业都无法逃避的，民营企业对周期最为敏感。20世纪90年代经济的快速发展，其实就得益于外部周期的"第五次浪潮"。既然是周期，就会有波峰和波谷；多个波谷叠加，就会造成最大的全球危机。

为了避免"明斯基时刻"的到来，企业外部的宏观政策必然有所调整，包括去杠杆，治理影子银行，僵尸企业出清，等等。企业家不是经济学家、金融家，但是只要了解宏观周期，就能对外部环境变化做出理性的判断，这对于制定企业战略将具有重要意义。

危机四　信誉崩塌

市场经济就是一种信誉经济，在市场经济中，信誉是企业的生存基础，是企业竞争的有力武器。

——周春生

---

[1] 翟桂玉.借力供给侧结构性改革出清"僵尸企业"[J].中国集体经济，2018（24）.

市场经济的根基，就是信用经济。古人云："法者，天下之公器也；变者，天下之公理也。"企业信用，按照狭义理解，指的是第三方信用评级，这是"法"的体现。从广义来看，信用不仅仅是指评级，更是抽象的"公理""道德"，这里不妨把它称之为"企业声誉"。

在过去的几十年间，很多中小企业出现的问题，都始于对企业声誉的忽视——在财务出现问题之前，企业的对外合作与业务执行通常已经受到影响，导致道德形象受损。信誉危机的爆发，是一个系统性的连带反应，像是小孩玩的九连环，环环相扣，每一环都有它的作用。信贷是信誉危机中的一环，还有很多其他方面的表现，包括失去投资者、合作伙伴的信任，客户投诉，员工消极，等等。当这些现象汇合时，企业信誉即将崩塌，这是危机的最后一环，如果走到这一步，经营者将举步维艰。

案例　一个室内健身品牌的陨落

2019年春天，传统健身行业的龙头企业，连锁健身俱乐部浩沙健身，在连续数月的"股价崩盘""拖欠薪资""董事长失信"等负面信息中走向终结。

这场灾难的引爆点，是在2018年6月29日，浩沙国际股票遭遇投资者的大笔抛售，公司股票停牌，30亿港元的市值瞬间蒸发。此后，沽空机构揭露，浩沙国际的资金流出现问题，并且存在伪造收入和盈利、夸大公司营业收入等诈骗行为。

负面新闻像病毒一样疯狂扩散，股票崩盘再加上秋冬淡季，让浩沙健身失去了集团方面的支持，资金链全线崩溃。投资者失去了信心，消费者和供应商恐慌，而更重的压力是来自内部员工。

> 浩沙健身的前CEO在采访中说："公司最终瓦解也是从员工本身出问题开始的。从品牌的层面和消费者认知度来说，浩沙这样的品牌影响力还是有的，遭遇了重创后还不到一击毙命的状态，起码也应该是一个缓慢跌落的过程。但随着内部工作人员接收到的负面报道越来越多，心理防线崩溃。在没有工资的情况下，员工没有动力去工作，教练没有心情继续授课，造成恶性循环，我觉得这才是关键。"[1]
>
> 2019年5月，浩沙集团官网已经无法打开，域名也被屏蔽访问，浩沙健身迎来了最终时刻。

一、危机：信誉崩塌

诚信是商道的根本，信誉更是民营企业生存经营之本。民营企业经营者扮演的是为社会创造财富的角色，信誉崩塌影响的不仅仅是民营企业，还有所有的公有制企业，甚至是国家的经济安全。所以，就某种程度而言，信誉危机是最大的经济危机。就如2008年雷曼公司的倒闭，导致连锁反应，市场对投行的信任降到了最低点，从而引发了全美金融危机，最终带来全球灾难。

信誉危机的表现可以分为以下几种。

1. 失信于员工

企业失信于员工的表现，包括对员工的承诺无法履行，希望一人兼多职，加班时间未按规定补贴，等等。这些看似小事，却对企业影响很大，往往令企业因小失大。有机构做过调研，员工对于工作的期望，除去工资

---

[1] 崩盘三部曲，浩沙健身如何一步步走向终局，懒熊体育，2019-06-13.

福利待遇之外，还希望在企业中赢得尊重，他们作为企业价值的生产者，渴望企业有良好的信誉，值得让他们追随。

大多数经营者都深有体会，民营企业人员流动性大，人才的流失消耗了大量的培养成本。失信于员工，可能直接导致人心涣散，产能低下，业务量下滑，或者产品质量或工期出现问题。这就像是企业经营中煽动的"蝴蝶翅膀"，迟早会迎来一场致命风暴。

2. 失信于客户/用户

企业失信于客户/用户，并非经营者所愿，而是基层一线员工和中层管理者出于自身利益导致的恶果。其表现是：我们无法履行对客户的承诺，不能按时交付产品履行订单，承诺的产品质量不过关，等等。它将成为后面一系列危机的导火索，但在最初它很难引起经营者的注意。

3. 失信于供应商/合作方

建立在企业与企业之间的信用，是相互合作的前提，也是在产业链内部维持伴生关系的基础。如果合作方的信用缺乏约束，出现拖欠货款、债务逾期等，关联企业受累，维系的信用链条就会断裂，导致诸如筹资、采购、营销等成本大幅增加，短期内可能不会有直接的恶性事件发生，但是长期下去会对企业资金的流动性造成压力，更重要的是，在经营层面令员工失去对企业的信任。

4. 失信于投资者

2017年，云南绿大地欺诈发行股票，成为国内首家IPO欺诈发行股票定罪案件。2018年，又一上市公司ST博元，涉嫌伪造财务数据，违规信

息披露，被立案侦查并暂停上市。

失信于投资者，很多时候并非企业恶意为之。有战略失误导致的失信行为，比如俏江南与鼎晖创投签订对赌协议，要在2012年上市。且不论双方孰是孰非，单从企业经营者来说，历尽千辛万苦从A股转战港股，中途赶上"国八条"推出，对高端餐饮造成致命打击，最终上市不得不搁浅，这无疑是失信行为，只是由于对赌协议的加持，造成了股权与控制权易主。从信誉角度来说，一旦企业家与投资者对立，对企业的形象声誉注定会造成恶劣影响。

5. 失信于金融机构

失信于金融机构，这将给企业带来直接的恶果。良好的信用能降低金融机构贷款的难度。一旦失信于金融机构，其后果十分严重；而这种情况，如果是前面几种失信问题的连锁反应，危机在此时已经难以逆转。这不仅会增加融资困难，导致信用降级，而且将影响企业运营，企业生存岌岌可危。

二、对策：信誉危机的可控性

如果一家企业遭遇信誉危机，通常来说企业已经病入膏肓，这绝非一朝一夕之事。所以信誉危机的解决，也绝没有什么灵丹妙药。有效的应对策略，是建立预警机制与媒体合作机制。

1. 预警机制

民营企业的信用在恶化之前，是有迹可循的。就像地震之前，会出现疾风暴雨、地下水变化、动物反应异常等现象，如果能提前采取应对措

施，危机仍然是可控制的。这通常又取决于经营者，我们对蛛丝马迹越敏感，反应的速度就越快；切入点越准确，采取行动的效率与质量越高，化解危机的概率就越大，及时止损的效果也就越好。

经营者应该当机立断，尽快控制事态的走向，减少对客户、供应链等重要资源的损害，隔离未被波及的业务领域，确保问题不会进一步蔓延。同时，要有意识地防范连锁反应引起的其他危机，最重要的是想尽一切办法延迟危机的爆发。尽量规避危机，有时甚至断臂抉择，以减少损失、抑制信用恶化为第一目标。

2. 媒体舆论应对机制

秦池酒、霸王洗发水都是败在了媒体舆论上。在信用危机爆发时，我们要给予公众正面的、公正的、透明的、积极的信息，减少猜疑是恢复信用的第一步。

举个例子，东方园林的发债事件，其中有一个重要环节，10亿元债券实发规模仅为5000万元，这个信息被很多媒体解读为发债"流标"，并不断放大，这样的误解对东方园林信用的破坏力非常大，直接导致融资渠道信心缺失。银行开始担忧，连5000万元都要发，资金紧张状况一定到了非常严重的程度。还有2019网信被媒体提前爆出"良性退出"，导致大量兑付集中发生。

如果能和媒体提前进行有效沟通，在事情扩大前就遏制一切恶意谣言，损失会小得多。所以，民企经营者除去埋头主业之外，还应该给予媒体足够的关照，不仅是传统媒体，还有自媒体。

在信息时代，知识获得快速传播，谣言的传播速度更快；而人类的弱点之一，就是宁可偏信谣言，却懒于用理性思考。

创业危机管理

第七章
致命竞争

彼得·圣吉在《第五项修炼》中提到，也许在适者生存的法则下，像这样不断地汰旧换新，对社会是好的，因为这可以把经济土壤重新翻过，重新分配生产资源给新的公司与新的文化。然而对员工与企业主而言，却是痛苦的。如果高死亡率不只是那些体质不良的企业才会面对的威胁，而是所有企业都会面临的问题时，怎么办？如果目前最成功的企业其实还是很差的学习者，怎么办？[1]

——邓德隆

---

[1] 邓德隆.2小时品牌素养[M].北京：机械工业出版社，2011.

危机五　选错赛道

对于创业者来说，选对了赛道，就已经成功了一半。

——李广宇《穿透心智》

市场机制的实质就是竞争，没有竞争也就没有经济的繁荣。至于这个竞争的世界，本质就是一个生态系统。想象一下，一个2万平方米水草丰沛的农场，其中只养了50头牛，即使是体形小的牛，生存环境也不会太差。市场有足够的空间，有足够的资源，竞争也会变弱，企业存活并不难。一旦牛的数量增加到2000头，不同种类、不同体形、不同体质的牛，生存的状态一定是不一样的。

2018年，我国社会消费品零售总额破40万亿元，我们正在从过去的"世界工厂"的社会角色中脱离出来。民营企业经历了改革开放以后的"野蛮生长"，如今是久经沙场，在激烈的行业竞争中更多的强势品牌涌现出来，给后来者的机会也越来越少。企业想要突破重围，寻找新兴市场就成为重中之重；而当企业要冲入新市场时，必须要充分认识所处行业的壁垒，自己与其他竞争对手相比，进入市场的速度是快还是慢。就如共享单车一样，最早入局的ofo，熬过了最艰苦的创业，却没能挺过最后与摩拜之间的绝杀，有人把它归结为败给了资本的博弈，却忽视了市场的冷酷——大量被废弃的ofo小黄车，肇始于糟糕的产品设计和迭代速度——市场的空间与资源，并不会因为牛的数量而变得更大更多，只有那些长着犄角强

创业危机管理

壮的牛才能活得更好。

案例　"悟空单车"之死

"悟空单车"是重庆最早出现的单车品牌之一，那时摩拜和ofo甚至还没有登录中西部市场。创始人雷厚义是在偶然间意识到，共享单车行业的巨大市场。他成立公司后曾对外宣布，悟空单车投入市场后，将以"每天500辆的速度在短时间内完成布局，并逐步扩大覆盖范围，最终预计拥有10万辆悟空小红车，全面覆盖重庆城区"。他甚至首创了共享单车的合作模式："由个人或小商家以众筹单车的形式，解决资金和区域运营的问题，每辆车标价为1100元，个人或商家均可认购，未来可获得运营收益的70%。这看似是可以快速成长的众筹模式，但是却变得越来越困难，资金链很快就断了"[1]。

虽然很多分析者认为，是摩拜和ofo的闯入，抢占了市场的主要份额，但是本质问题其实是因为它选错了赛道。雷厚义反省自己的失败原因，是"当市场成熟可以变现盈利了，企业却无法撑到那个时间点"。对于企业经营者来说，企业的实力应与市场相匹配，选择了一个无法驾驭的市场，或是竞争对手太多、竞争过于惨烈的市场，都是极为危险的。

所以，一个初创的小公司去追风口，不一定能飞起来，却有可能被强风拍碎，还不如从一个小的细分领域切入进去，打一个山头就占领一个山头。

---

[1] 欧阳李宁. 首家倒闭共享单车创始人. 澎湃新闻，2017-06-19.

第七章 致命竞争

一、危机：选错赛道

对于创业公司来说，选择正确的"赛道"就已经成功了一半；相反，选错"赛道"，比如进入一个缺少规则、对手拥挤的行业，就不容易被经营者发现。因为企业在经营过程中会遭遇各种各样的问题，这些问题的出现常会被误认为是企业自身的人才、资源、市场策略所致。直到更大的危机降临，企业难以为继、经营者无力回天时才会意识到，如果当初选择另一个领域，也许会有别样洞天。

那么，是什么原因让我们做出错误的选择？

1. 忽视市场激烈度

2010年的"千团大战"，一年多的时间里，一下子疯涨到5000多家团购网，到如今又只剩下一家。当时，大到互联网巨头——新浪、腾讯、开心网、人人网，小到只有两三人的创业公司，全体参战争夺市场。团购网站以其新兴市场的外衣，以及极高的流量和极低的门槛，成了投资方眼中的无限潜力股。然而，行业竞争的难度不仅取决于市场规模的大小，也取决于竞争企业的数量密集与否。这些企业在激烈竞争情况下，底线一降再降——铺天盖地的广告，你追我赶的补贴大战，带出了一连串的恶性竞争。结局可想而知，上下游都不愿成为买单者，消费者放弃购买，风投迅速撤离，企业大面积死亡，行业没落几近消逝。

2. 错判市场需求

一个从美国硅谷来的创业者，带领团队兢兢业业研发出一个新产品——煤矿安全报警装置。这个警报系统可大大降低爆炸的可能性，性能

完胜其他竞争对手，而且价格仅是同类产品的 1/3，这个看似教科书式的好产品。但公司挣扎了几个月后，不得不宣布取消这个项目。因为这个市场的客户的真实想法完全不同：他们根本没有动力去买新的产品，性能和价格都不重要，他们最需要的是"永远不需要换安全设备"。在一个没有商机的市场中奔驰，企业最初会为缺少竞争对手而窃喜，但是最终却会因无人消费而停止。

3. 自身能力不匹配

企业已经拥有一定的品牌享誉度，想要进行品牌延伸，或是跨界投资。比如，云南白药，它经营云南白药牙膏就可以成功，但经营养元青洗发液就难以成功。原因很简单，就是牙膏具有止血功效，这与云南白药的定位相吻合，消费者可以产生明晰的品牌联想；但是洗发液与止血之间的联系，却违背了人们的心理认知，会引起思维的混乱。这样的赛道选择，通常都是经营层对于品牌自恋、膨胀的心理在作祟。

二、对策：学会定位，找准品类

关于企业经营领域的选择，这首先是一个战略问题。国外的研究数据发现，企业的所有新业务中，86%的新业务是产品线扩展，它们都是在现存市场中的渐进式改良：这些新业务仅占全部收入的 62%，利润额度仅为 39%。剩下 14% 的新业务是用来开发新市场的，但却占了总收入的 38%，带来了 61% 的利润。创业者最初所掌握的资源常常会成为市场重新选择的基础或掣肘，但是一个恰当的"赛道选择"往往又会给"战况"带来逆转。就这一点来说，经营者应该深刻理解定位理论讨论的"品类"。

特劳特指出，人们在消费过程中，首先思考的是品类，比如夏天到了，你会想到买空调，然后才是选择是买"格力"还是"奥克斯"。这个

过程的背后,是一整套的心智认知系统在发挥作用。也就是说,消费者的思考过程是先从品类开始,然后才是品牌的选择。所以,创业者选择"赛道"其实就是选择品类。总结来说,有如下几种策略[①]。

1. 有品类,无品牌,抢占品类

当某个品类内存在着各种公司的产品,却没有能让人记住的品牌,企业这时候就应该切入,快速推出自己的品牌,抢占品类内的最高阶梯。比如,最先发现快捷酒店品类空白的如家、汉庭,发现精油品类空白的阿芙精油,于是强力推出自己的产品,宣传语就强势表达了自己的行业地位:"阿芙就是精油"。

2. 单品类,多特性,抢占特性

一个品类往往有很多特性,如果品类已经有了强大的领导者,可以只选择品类的某一个特性,让消费者想到特性就想到品牌。比如牙膏里的"防蛀""抗过敏"特性,就被高露洁、舒适达占领。

3. 分化新品类

开创新品类的背后,是"品类必然分化"的规律。每一种品类的变化,都可能诞生一个新的行业、一个杰出的企业。比如,纸巾行业的"本色纸"。几年间,本色纸以近乎100%的速度在递增,迅速占据了纸巾市场约4%的份额,并且持续上涨。早在2014年,中国正处于消费升级的大潮中,人们越来越注重健康,天然的、生态的、环保的产品越发受到消费者青睐。一家新兴企业天然工坊,推出了100%竹浆纸"竹妃",短短三年,销售额就达到了5亿元,到2017年突破6亿元。

---

① 李广宇.穿透心智——企业战略定位实践[M].北京:机械工业出版社,2019.

4. 对立品类

站在竞争对手的反面，通过对抗形成"超越"与"替代"。比如，云南白药推出的创可贴"有药好得更快些"，它选择的对立面就是长期以来占据创可贴领导地位的邦迪的弱点。

危机六　遭遇黑公关

人们喜爱谎言，不仅因为害怕查明真相的艰难困苦，而且因为他们对谎言本身具有一种自然却腐朽的爱好[1]。

——弗·培根

公关（Public Relations，P R）是公关关系的简称，狭义上的公关诞生于19世纪末20世纪初的美国，指的是"通过制定政策及程序来获得公众的谅解和接纳"[2]。详细来说，是"一个组织运用各项传播方法，在组织与社会公众之间建立相互了解和依赖的关系，并透过双向的信息交流，在社会公众中树立起良好的形象与声誉，以取得理解、支持，从而促进组织目标的实现"[3]。

正常的公关是合适、合理、合法的，所谓"黑公关"（Gangsterdom P R）实质上是对目标进行打击和讹诈的行为。尤其是在互联网时代，"人人都是自媒体"，为黑公关提供了温床。如今，企业之间的竞争，不仅包括技术、运营、营销，公关也是重要技能。当正常公关无法实现某些功能时，

---

[1]　弗·培根．培根论文集［M］．北京：中国社会科学出版社，2011．
[2]　汤景泰．"网络黑公关"研究报告［R］．暨南大学，2018-06-21．
[3]　同上．

便会有人铤而走险，选择"黑公关"达到目的。

有人说，一旦一个行业出现了黑公关，就说明这个行业即将崛起；但如果一个企业企图通过发动黑公关来巩固自身竞争力的时候，就说明它正在走向衰落。

一次黑公关事件，不仅会干扰正常的舆论环境，破坏网络生态的健康，对于一家企业来说，轻则使被攻击公司声誉受损，陷入负面舆论风波，重则造成巨大商业损失，甚至致命打击。

一、危机：黑公关缠身

1. 龙头企业也会遇袭

经常有人会说，好公司是"黑"不死的，但这句话在 A 洗发水身上却失去了效力。A 洗发水巅峰时期在香港地区占有率非常高，同时也引来了竞争对手的攻击。致命的就是 B 刊物爆料 A 洗发水含致癌物，而这个消息第二天就传遍内地，操作手法犀利。据说稿件刊发前，记者是找过 A 洗发水老板的，不过当时 A 洗发水正如日中天，理都没理，就把人赶走了。

B 刊物曝光后，A 洗发水迎来连年亏损和股价暴跌，营业收入大幅下降，连续六年亏损，而 A 洗发水告 B 刊物诽谤的案件则在六年后才胜诉，可以说这就是 A 洗发水白白失去的六年。B 刊物的报道，充分显示了黑公关的多种技法。

2. 内斗抑或自律：行业乱象难以自保

2018 年 11 月，中国汽车工业协会（以下简称"中汽协"）发表了一份声明："长期以来，全行业深受黑媒体、黑水军危害。他们刻意抹黑中

国品牌形象，蓄意误导消费者并从中牟利，尤其在当前消费者购买意愿减弱、行业增速放缓的特殊时期，给中国品牌形象造成了恶劣影响。"

事情还要从A汽车、B汽车"黑公关"的事件说起。A汽车官方微博发声明称，A汽车长期遭遇大量恶意攻击和抹黑，怀疑是企业有组织、有预谋的"黑公关"。A汽车在声明中提到了B汽车，还晒出了一张微信群名为"B汽车公关分群5"的聊天记录截图。该截图显示，一位微信头像带有"B汽车LOGO"的人表示要对有关A汽车的评论全部抹黑，并说明了方向和标价。

此后，B汽车回应称，抹黑A汽车，公司并没有做过此类事。

"黑公关"通常祸起于竞争对手的觊觎，主要依托媒体，如纸媒、新闻媒体、交互型社交媒体等渠道，利用互联网传播特性，进行大量转发、水军围攻、匿名评论、病毒式传播等。由于游走在法律的边缘，"被黑"企业缺少证据，难以指认，是有苦难言。

二、对策：识别与防御

（一）识破"黑公关"惯用伎俩

"黑公关"与普通的公关事件不同的是，对手常常是有准备、有步骤、有节奏地释放内容，让企业一步步身陷囹圄，难以脱身。"黑公关"盛行的原因，跟经营者自身有着极大的关系。多元化媒体时代的来临，让我们过多地依赖媒体生态进行推广、传播、造势，将互联网看作是"免费"的午餐，我们中的有些人自卖自夸，还美其名曰经传营销，热衷于不正当的网络战争。大打"口水仗"，标题不犀利、不伤人，就觉得失去了公关的意义。促使传统的公关公司、网络媒体、意见领袖等纷纷搏出位、骗点击、蹭热度，助长了网络世界中键盘侠们恣意地宣泄情绪。自媒体等网络产品的兴起，提供了良好的技术和渠道，加之法律和监管的缺乏，以及巨大的黑色利益，使我们笼罩在"黑公关"的阴影中。对于企业经营者来说，在自律的同时，应及时警觉各种迹象，识别竞争对手别有用心的伎俩。

1. 造谣抹黑

所谓众口铄金、积毁销骨，精心编造虚假信息、新闻，造谣诽谤，利用黑稿进行攻击诋毁，是"黑公关"中最常用的伎俩。高段位的"黑公关"，产出高质量内容。利用专家言论、国家政策等迷惑他人，让人信以为真。甚至移花接木，嫁接旧时负面新闻，造谣抹黑。比如，拼多多深陷诈骗等谣言中苦不堪言，对其上市计划造成了不小的障碍。

2. 指鹿为马

通常是抓住一点无限放大，混淆概念，无中生有；而这个关键点，可能是时事热点，也可能是将企业自身的缺点转嫁他人，或是干脆利用网民情感触发点，等等。对目标企业造成巨大杀伤。

3. 内部爆料

以"内部人士"作为人设爆料，是较为常见的手段。利用局外人的猎奇心理，越隐秘的事，越容易引发关注，事件的逼真度也就越高。

4. 舆论连爆

雇用水军、打手控制舆论走向，运用网络媒体、门户网站、平面媒

体等多方联动，甚至借记者发布稿件以假乱真，接二连三、不死不休地纠缠与破坏，引导舆论向着更深更广的方向延伸。

5. 蹭热绑架

碰瓷、蹭热，挑衅行业巨头，也叫碰瓷营销。这种类型的公关策略，通过"黑"对手而增加自身的知名度，拉高行业地位。最具代表性的是隔空喊话式，即"致XX"体，比如《致星巴克的一封公开信》等。

6. 持续打击

不给对手企业喘息的机会，利用不良言论的余热造成二次伤害。话题被一次又一次地推到风口浪尖，这类长线作战，甚至是不死不休地纠缠，消耗的是企业的生命力和信誉度。

网络"黑公关"的操作资源，除了渠道资源，比如合作网站、网络媒体、平面媒体之外，更重要的支撑力量是人力资源，即网络打手、网络水军。虽然"口水"不能淹死人，但是一旦陷入千夫所指的氛围中，企业很难为自己洗脱清白。

（二）暗箭伤人提前防御

对于暗箭伤人的"黑公关"，企业不仅应迅速识别，而且在平时就应该建立防御措施。

第一，要做好自己企业品牌的口碑，增加可信度。

第二，适时有效地为自己发声，发出好声音。

第三，减少"水军"的使用，"黑公关"就像玩火，风险大，不易管控，即使烧到了对手，自己也很难置身事外。

第四，一旦确信遭到"黑公关"袭击，应立刻收集证据，求助法律，起诉、报警，让"黑公关"看到可能面临的风险和代价。

（三）提高应对常规型公关危机的能力

"黑公关"事件的处理，大致可以分为两类：一类是对方捏造事实，粉饰证据；另一类是对方手上确实握有把柄，言之凿凿。至于后者，考验的是企业本身对于正常公关危机的应对能力，包括以下几个方面：

第一，危机范围控制能力。企业自身处理危机的效率，是处理公关危机的关键。如何快速反应并加以控制，减少危机带来的损失，将伤害降到最低，这体现的是企业危机范围控制的能力。企业对危机要即时监控，防止其后续蔓延与扩张。

第二，责任心。可分成两个方面：其一，企业自身承担的责任心；其二，对待公众知情权的责任心。了解危机发生的原因，告诉外界本次危机的原因，以及自己愿意承担的责任。

第三，领导层的素质。企业管理者的素质，是决定能否安然渡过危机的重要因素。具体表现为，领导者是否具备处理危机的能力，承担风险的能力和风范，对危机反应的速度，等等。

第四，沟通能力。企业与公众沟通的能力，以及与内部协调的能力，关系到能否有效地传递信息。传递的信息是否具有积极性、及时性、准确性，以及是否为外界感受到，体现了企业沟通能力的强与弱。

危机七　产品经理缺位

如果产品精神从一开始就是虚弱的，投入再多的钱、人和技术都没有用。

——腾讯前CTO张志东

改革开放初期，市场尚处于"荒芜"状态，那时"下海"创业的成功者，大多擅长资源整合、政府关系维护。他们是那个时代的英雄，是员工眼中的"超人"。他们带领企业横扫市场，可惜产品常受诟病，比如曾经席卷市场的三株口服液、脑白金，以及2018年处于风口浪尖的鸿茅药酒。如今，商业世界已经从市场时代更迭到心智时代，在金融危机、消费习惯改变的双重变革中，还能活下来的企业无一例外都拥有足以撼动市场的产品。

如果说早期创业的企业家他们是出色的营销者、公关家、投机者，那么从2008年金融危机以来，历经几轮业界洗牌后，还能屹立不倒的企业家，以及成为"黑马"新秀的创业者，无一例外身上都具有某种共同的品质，那就是"产品经理"的精神。

案例　从产品经理到企业家

市场调研数据显示，美国零售业每年有30 000种新产品上架，但一年后70%~90%的新产品都会消失。这是一个产品严重过剩的时代，而用户的时间有限，这么多产品都要去抢用户有限的时间，这必然导致企业之间的激烈竞争。硅谷和国内的一线产品人、知名创始人，以及风投公司、猎头公司的相关负责人，已经发现这一迹象[1]：产品型管理者开始崛起。产品型管理者应对竞争的武器是科学地认知升维，他们从事管理的本质是认知管理，并依此建立全新的认知体系和行为模式，从而打造出卓越的产品，引领未来。

1. 马化腾：我就是最大的产品经理

从腾讯十年的发展来看，每一次的产品迭代都是一次成长，而推动其成长的，正是马化腾对于用户体验超乎寻常的执着——腾讯出品的任何一个产品马化腾都会去看，以确认其到底好用不好用，问题可能是什么。他甚至自诩，中国市场上那么多款IM产品，他全都用过。

马化腾曾说过："我就是腾讯最大的产品经理。"据说，QQ空间开发，马化腾与项目团队的邮件往来超过2000份。张小龙主刀QQ邮箱的改版时，马化腾在一年半的时间里，与他的团队来往邮件有1300多份，而这在当时的腾讯体系内还只是一个边缘的产品。正像马化腾自己说的："我觉得做一件事情能够用自己的编程技术，能够做出一个产品去卖，或者是能够帮到别人，能够提高效率，这些对我来说更有意义。"

2. 王兴：十年融合产品经理与企业家

在百度上去搜索王兴，出现频率最高的关键词就是"产品经理"。有人说，他是中国最好的产品经理之一，也是硅谷极客

---

[1] 彭耀. 升维：争夺产品认知高地的战争[M]. 北京：机械工业出版社，2018.

式创业者。

提起王兴的美团,就不得不提美国的Groupon,它曾经是O2O团购网站的鼻祖,如今是奄奄一息。Groupon当初的原则是"商家第一,消费者第二",它的价值来自商家,毛利率甚至高达40%。

王兴带领的美团网则认为,消费者第一,商家第二。在消费者身上获取价值,毛利率低,必须依靠大量消费者购买才能维持这个模式。2012年王兴提出团购"三高三低"理论,即低价格、高品质,高效率、低成本,高科技、低毛利[①]。当年,很多人做团购网站,是因为团购网站够火,但王兴不是。腾讯联合创始人、CTO张志东指出:"他(王兴)研究团购的本质,超越了腾讯和Groupon。"

从美团的案例可以看出,王兴对团购的理解是胜负的关键,这其实就是产品经理对产品极致的理解。

3.周鸿祎:成为产品经理是一个最重要的前提

这些年来,周鸿祎出版了很多著作,从《智能注意》《极致产品》再到《颠覆者》,甚至是讲演中,他聊的内容最多的就是"产品"。至于他对自己的定位,也是一名产品经理,他说:"每个产品都是要呕心沥血,有时候感觉做一个产品就像一个妈妈十月怀胎生一个孩子……。我觉得用心,对自己负责任,对自己做的产品负责任,是对一个产品经理的基本要求。如果有一天想创

---

① 李志刚.九败一胜:美团创始人王兴创业十年[M].北京:北京联合出版公司,2014.

业，想拥有自己的事业，如果不能够成为一个优秀的产品经理，坦率地说创业将会很难。因为，成为产品经理是创业成功一个重要的前提。[①]"

4. 乔布斯：追求用户体验是产品经理的天职

乔布斯曾经说："像IBM或微软这样的公司为什么会衰弱（至少乔布斯这么认为），我有我自己的理论。这样的公司干得很好，它们进行创新，成为某个领域的垄断者，然后产品的质量就变得不那么重要了。这些公司开始重视优秀的销售人员，因为他们是改写收入数字的人，而不是产品的工程师和设计师，因此销售人员最后成为公司的经营者。"在他看来，当年使苹果公司没落的罪魁祸首，就是百事可乐的斯卡利的错误带领[②]。乔布斯的产品经理身份毋庸置疑，他拥有强烈的产品直觉，以及独特的产品观，他追求的是极致的用户体验，几乎是在用生命和激情在热爱产品。

上述这些案例，让我们发现，"产品经理"已经在互联网时代风生水起，但是它并不是一个新事物，只不过因为互联网的天性是用户需求，而这又是产品经理的存在之本。从广义上来说，任何行业都有这个职位，任何行业的创业者都应该具备产品经理的精神。比如餐饮行业的丰茂烤串，作为餐饮行业的"黑马"连续三年业绩增长，他们除了准确的定位之外，根本上是创始人尹龙哲对于"烧烤"二十几年的痴迷——从食材到制法，任何一个环节他无不熟悉，任何工序的问题都逃不过他的"品尝"。有这种对产品执着的精神，才会引领团队走向良性成长。反之，则迟早会遇到危机。

---

① 周鸿祎. 如何做一名好的产品经理[J]. 创业邦，2011-02.
② 沃尔特·艾萨克森. 史蒂夫·乔布斯传[M]. 北京：中信出版社，2011.

一、危机：糟糕的产品

1. 小黄车的离场：产品设计落后

曾经在资本助推下直达巅峰的ofo小黄车，在跌落神坛之时，让很多人认识到了董事会"否决权"的致命伤害。但是被忽视的问题往往是致命的，那就是小黄车的用户体验。

ofo单车每台成本在360元左右，一辆车每天挣5元钱，不到两个月就能收回成本。平均下来每辆车每天只要使用10次即可。ofo最初的模型太过美好，让很多人都飘飘然，然而却在摩拜单车出现之后被摔回现实。

摩拜单车的车辆成本高达3000元，惊动了ofo的高层领导。相差10倍的成本，将产品质量和用户体验推上了台面。机械锁被诟病，极低的扫码成功率，大量破损车，等等，ofo虽然覆盖数量巨大，但是在产品的质量上却输给了摩拜单车，以及后加入的对手。

第一代ofo的开锁流程至少要经过14步，而摩拜单车仅需8步，再加上ofo较低的开锁率，我们常能看到的场景是：要骑车的人在一大堆小黄车间徘徊很久，最后才经过扫码骑走。效率对于用户体验而言极其重要，尤其是共享单车。现代人类的进步与创新，往往都是围绕着效率的优化。

ofo虽然占领了市场先机，却败给了产品的设计，注定遭遇用户的遗弃。

2. 乐视生态：玩概念不是玩产品

2018年上半年，乐视网的存货余额高达14.39亿元，较上一年同期增

长约 4.94 亿元，同比上升 52%。期末应收账款余额 95.42 亿元，较上一年末增长了 8.57 亿元。经营性现金流量数据中，上半年经营活动产生的现金流量净额净流出 21.85 亿元，上一年同期流入 2.89 亿元。收入大幅放缓的同时，却有更多款项无法回收，说明乐视的终端产品正日益成为滞压货物。

曾经闪亮登场的乐视生态，包含了四个层面"平台＋内容＋终端＋应用"，而任何一个平台，其价值都需要通过技术来实现。苹果、索尼、小米，最初都称不上平台，反而是先拥有了一个令人惊叹的极致产品，吸引了大票的粉丝情感投入。以此作为起跑线搭建起来的平台，成本才足够低，也才能完成边际递增的生态。

支撑乐视活下去的是资本杠杆，而不是产品。随着乐视电视、手机、汽车的四面开花，"失血"越来越严重：乐视电视竞争力下降，叠加电视市场整体增长入"寒冬"，销量大幅下滑；乐视网因为资金困难无法竞购更多版权，直接导致其版权分销、流量和会员续约出现收入下滑，而版权价值减少导致乐视会员含金量大幅下滑，进而影响电视竞争力。于是公司回款减少，资金缺乏，造成没有资金就无法购买版权的恶性循环。

归根结底，乐视生态不是一个产品，而是一种商业模式、一个概念，企业家痴迷于商业模式，却忽视了企业的立身之本是最初直面用户的"产品"，以及带来流量的"用户体验"。只不过"生态"和"用户体验"无关，它只是资本的体验。

在互联网时代，没有消费者会在乎企业用什么"生态"，也没有人会因为概念正确、商业模式成功就买你的产品。唯一的道理是流量为王，失去产品体验就是失去流量、失去价值，衰败注定袭来。

二、对策：作为管理者如何关注产品

近些年，有一个概念人们耳熟能详——匠人精神。它代表了创造过程中对产品追求极致、完美的精神。这与"产品经理"有相似之处，却又有所不同。

安德森是网景公司的创始人，他联合其他人创立一家硅谷投资公司。他是硅谷的"风投教父"，由于大学期间发明了浏览器软件，因此被誉为"因特网点火人"。他指出，作为企业领导者，应该具有的特质有三点，即产品的创新者、企业家精神、CEO能力。其中最重要的，是产品创新者——他的产品应该给世界带来创新。

安德森把硅谷创业公司的发展分为三个阶段：第一阶段，人力资源阶段；第二阶段，职业经理人阶段；第三阶段，产品型创始人阶段。

这几十年来，创业公司呈现出与第一、第二阶段相反的发展趋势，技术人才在创业公司中开始占主导地位，他们以产品为中心。当数字技术改变了各行各业的时候，没有一个行业能够躲避开互联网公司的竞争，"产品"直接面向消费者，成为企业优先考量的因素。成功的CEO通常都具备产品经验，或者授权强有力的产品经理人去领导组织中的产品创新，但是大多数管理者、创始人、产品人员还局限于传统的认知思维，从而导致产品陷入巨大的危险境地而不自知。

管理者关注产品的行为模式有以下几种：

第一，把自己变成真实的用户。真实体验到用户需求，了解别人的感受。

第二，与真实用户密切沟通。通过和用户深入交流和体验，建立产品人或管理者的用户侧认知，获得真实反馈。

第三，确保产品的机制。打造一个产品需要团队协作，需要一系列环节，并且环环相扣。

本·霍洛维茨指出，很多创始人会陷入产品困局，如果 CEO 远离产品，那么产品会面临失控，如果 CEO 关注产品太多，团队又会失去创造力。但是仍然有很多优秀的创始人把企业推向了成功，比如甲骨文的拉里森、Facebook 的扎克伯格、微软的比尔·盖茨，比尔·盖茨参与了所有产品的审查，直到自己退休。

关于管理者参与产品决策制定过程必须把控的要点，本·霍洛维茨指出四点[①]：

第一，保持和推动产品理念。拥有产品经理的思维，并不是说企业经营者必须事无巨细地对待产品。重要的是，要能控制研发与经营的方向，让产品的发展符合愿景，而且必须了解，什么样的资源才能匹配自己的产品。

第二，保证质量标准。用户对产品的满意，是否存在下限和上限，它们各自是什么？这个问题是所有公司都会面对的，虽然很难给出标准答案，但是至少要对此有明确的思路，即产品的质量必须与公司文化保持一致。比如乔布斯时期，他对产品有近乎偏执的美学追求，于是用户的忠诚度，也近乎疯狂。

---

① 本·霍洛维茨.创业维艰[M].杨晓红，钟莉婷，译.北京：中信出版社，2015.

第三，做一名整合者。谷歌 CEO 拉里·佩奇刚上任时，把大量的精力放在了用户个人资料系统上，而且是让每个独立的产品部门去建立一套统一的系统。这件事耗时耗力，唯有 CEO 亲自督导，才能推进成为最优先级。

第四，考虑团队成员遗漏的数据。团队对产品的优化和改良通常都会依据已有数据进行，所以真正发生疏漏的是考虑不到的数据，这就要依靠产品型管理者的认知水平来补足团队的盲点，它也就成为产品能达到的最高质量的上限。

危机八　失去聚焦

成功的公司在起步时往往高度聚焦于一个产品、一个服务或一个市场。久而久之，公司会失去聚焦。它涉足的市场太多，提供的产品和服务也太多。它失去了方向、目标和动机。公司的使命宣言也失去了意义。[①]

——艾·里斯

在经济腾飞时代的思维惯性下，经营者倾向于将业务范围扩大，不管是否与主营业务有关联，不管是否会涉足并不熟悉的行业，当所有人都想扩张的时候，敢朝相反方向走的人往往更可能成为未来赢家。

案例　　迷失的运动冠军

2012 年，中国的体育用品行业陷入了"库存困境"。明星品

---

① 艾·里斯.聚焦[M].北京：机械工业出版社，2014.

牌李宁集团，也在连年的亏损中走下神坛，进入了长达数年的困难时期。我们都还记得，2008年奥运会开幕式，李宁奔跑在鸟巢半空的画卷之上，这一年，为李宁品牌带来了空前繁荣，全年营业收入同比增长53.84%，达到66.90亿元。欧洲、北美、南美，李宁攻城略地，势头大好，走向世界的梦想似乎即刻变成现实，但是巨大的危机隐患已在悄无声息中生根发芽。

2008年后，李宁集团开启了多品牌策略，以强势品牌形象试图进行行业整合。除了既有的Z-DO（新动）、AIGLE（艾高）之外，又陆续购入了"红双喜"，意大利著名运动品牌lotto（乐途）的股份，以及20~50年的独家特许权，等等。其中囊括了从低端到高端，从专业体育到休闲体育的多重品牌。看似全面布局的战略极具野心，但众多品牌却不能带来企业的强盛，而是逐渐耗尽了企业的精力。

2009年，占据快车道的李宁，虽然全年营业收入超过了83.87亿元，在国内市场更是击败了阿迪达斯，仅次于耐克，排名第二。然而，其他业务的成绩并不理想，经销成本高达9200万元的Lotto（乐途），全年收入仅为7600万元。

2010年，李宁集团营业收入接近100亿元，决策层随即提出了"品牌重塑"的战略转型计划，改变品牌标识，赞助国际赛事，进军时尚运动休闲行业，等等。在产品定位、原点人群、价格定位上摇摆不定，不仅未能抓紧新目标——年轻人群，反而丧失了大批忠诚度与消费能力稳定的30岁客户群体。李宁集团彻底迷失，衰落就此拉开帷幕。

2011年仅上半年，李宁集团营业收入同比下降50%，2012—

> 2014年，连续3年累计亏损超过31亿元。时至今日，李宁虽然渡过难关，但是旧日的风采再难重现。

一、危机：失去核心聚焦

如果有一天，当初让企业成功的目标不再是企业前进的主要推动力，而是后来经营者大踏步前进的绊脚石，企业开始追求扩张、增长、多元化，不再聚焦于最初的核心使命，出问题便是迟早之事。比如著名的默克医药公司[①]，在1995年时，该公司的首席执行官雷·吉马丁宣称，要成为增长速度迅猛的公司，而不是研发划时代的新药品，顶尖的科技水准，产品的研发和生产效率——他们首要的商业目标就是扩张。在2004年，默克医药公司推出一种结肠息肉药物，由于风险过高，导致6周内市值缩水400亿美元。与之对比的，是创始人乔治·默克二世的初衷："药是为人服务的，而不仅仅是为了赚钱。如果谨记我们的目标，那么利润自然会滚滚而来。"显然，默克医药公司的管理层已经忘记最初成就自己的核心使命，并因此自食恶果。

由此我们可以看到导致危机的几个内部原因：

1. 超限品牌延伸

惠普创始人曾指出，一家卓越的公司之所以会消亡，往往是因为机遇太多，而不是没有机遇。"无止境的增长"，这是很多企业的追求，于是经营者在原有品牌上进行延伸，诞生的不是一个个新的成功品牌，而是一个个陷阱。

我们总是习惯于想要成为"超级大品牌"，这个逻辑会让我们试图把

---

① 吉姆·柯林斯. 再造卓越 [M]. 北京：中信出版社，2018.

品牌无限地加以应用，于是认为，各种各样的品类都应该涉及，却忽视了品类与品牌的相关性。

比如，当年雅虎是第一个搜索引擎，但它并不满足于只做搜索，雅虎提供了 100 多个不同特色的功能，实际上它想做一切。股票市值一度达到 9000 亿美元的雅虎，最后的出售价只有 3000 万美元。看似全能型，然而仔细想想，它什么都做，却什么都做不好。相反，谷歌只提供一个搜索功能，市值却达到了 3.5 万亿美元。汽车行业也是一样，雪佛兰有 18 个不同的车型，但是只占市场 6% 的份额；特斯拉只有一个车型，销量却是雪佛兰的 2 倍多。

品牌延伸并不是一种大公司现象，小公司比大公司更容易延伸品牌。有人做过统计，20 家新创企业中，通常只有一家能活过 5 年以上——同时做太多不同的事情，是小企业失败的主要原因。

2. 过度差异化

有时候，想涵盖更多的产品，就会失去焦点，实施产品差异化就变得困难。美国通用汽车公司，曾经有 5 个品牌很好地实施了差异化，占据了美国汽车市场 50% 的份额。这 5 个品牌为了获得持续增长，开始追逐相同的业务，最终是价格接近、外观相似。如今这 5 个丧失了差异化的品牌只占有 28% 的市场份额。公司在进行差异化战略时，有一个误区，它们迎合新主流消费群体，涌现出一批自带差异属性的品牌佼佼者，像江小白、小茗同学、蒸蛋糕、黑水、海之言等，从包装到内容都试图树立一种卡通形象，虽然每个品牌看起来都那么与众不同，但是消费者却感受不到差异。这就像是一群穿着奇装异服的人中，反而是没有伪装的人更容易被识别。这是因为，"独特""与众不同""与竞争对手不一样"并非真正的差异化。

3. 多元化折价

企业遇到增长瓶颈，在做出多元化的战略决策时，不能盲目求"大"，而要注意"相关性"，即尽量围绕核心能力进行业务扩张。北京大学金融学教授刘俏在讨论投资资本收益率时，曾经深刻批评中国企业对"大"和"规模"的无以复加的追求。他调查了2004—2010年上市公司的业务板块与投资资本收益率，结果发现：随着企业业务板块的增加，企业的投资资本收益率呈明显下降趋势[①]。

这种情况在金融学中已经被发现，并称为"多元化折价"，即多元化企业相较于专业化经营的企业，在市场估值方面会有一个折价。史玉柱在总结巨人集团"下坡"的原因时，曾感慨"那段时间最大的教训，就是一个人的精力和能力是有限的，在同一个时间节点上，你最好只做一件事。在企业还不够强大的时候，切记不能去做多元化的业务。"

二、对策：多梯度聚焦

值得学习的是德国的福莱希公司，它是一家专业生产宠物伸缩牵绳的公司，在小小的牵狗绳领域，它们赢得了全球70%的市场。该公司的口号是："我们只专注一种产品，但我们做得比谁都好。"需要注意的是，尽管有的公司意识到了聚焦的重要性，但是却以错误的方式完成了战略。比如"我们生产高质量的产品，我们不会生产只重价格的低质量产品。"实际上，没人会声称自己生产与其策略目标相反的产品，这种聚焦就成为毫无意义的宣言。

---

① 刘俏.从大到伟大：中国企业的第二次长征[M].北京：机械工业出版社，2018.

在经营中的聚焦战略[1]，可以归纳为以下几个方面：

1. 聚焦品类

企业如果已经植根于某个品类，那就应该以代表或主导该品类为目标，让这个品类发展繁荣，甚至让企业成为品类的代名词；同时也包括对亏损品类的及时止损，砍掉那些利润低、无法匹配重点品类的项目，把力量放在核心品类上。

2. 聚焦品项

企业可以打造一款产品，让它的大小、形状、颜色组合形成鲜明而独特的形象，让某个代表品项印刻在市场消费者的心智中。但是应该注意的是，不要使用竞争对手的品项作为自己的代表，而且品项的设计应该注重实用，比如包装的大小——这种更多考虑市场消费者需求的问题。

3. 聚焦市场开发

企业经营者应该根据现有的资源、实力、品牌形象、市场认知的特点，选择聚焦一个区域。这需要企业将主要资源集中在一个区域内，将这个区域做强做透。比如王老吉的始发市场是广东，走向全国的时候，先扩展的市场是江浙地区，然后是东南沿海地区，最后是向内陆地区延伸。另外，不同产品有不同的渠道，主要资源应该先聚焦在最适合产品营销的渠道上。

---

[1] 李广宇.穿透心智［M］.北京：机械工业出版社，2018.

4. 聚焦人群

企业在展开营销推广的时候，应该有针对性地选择人群，尤其是最初的消费群体，他们就是"原点人群"。这些人决定企业的调性，比如小米最初的粉丝是极客，于是小米就成为"极客手机"，尽管它在渐渐失去最初的特征，但是它最初留在人们心中的印象是难以改变的。所以，选择正确的原点人群，不仅可以保障企业集中资源，避免滞销、短期热销等现象，而且能节约营销成本，甚至创造出意料之外的消费趋势。

5. 聚焦传播

不仅传播渠道需要聚焦，传播内容同样也需要聚焦。以投放广告为例，在品牌传播过程中，尤其是初创企业，需要将每一分钱用在正确的地方，从而通过聚焦来实现传播优势。这方面需要注意三点：一是选择有影响力的媒体，二是选择与品牌核心价值相匹配的媒介，三是聚焦投放量。一旦选定了推广媒介和内容，就要充分投入，才能保证效果。

6. 学会舍弃

商业战略之父迈克尔·波特指出："一个可持续的战略定位，需要有明确的取舍，这对战略至关重要。它不仅要求企业必须做出选择，而且还有意识地限制了一家企业的产品与服务。它会阻挡那些重新定位者和折中者，因为想通过这两种方式展开竞争，对公司来说会破坏自己的战略，并降低现有运营活动所创造的价值。"[1]

---

[1] 迈克尔·波特.竞争战略[M].北京：华夏出版社，2005.

典型的例子就是韩国的三星集团[①]。三星电子在亚洲金融危机时遭遇了致命一击，赤字超过1700亿韩元。于是公司高层制定了大幅调整企业结构的方案，包括产业选择，产业重心，出售无收益资产，削减不必要的支出，裁减人员和机构，减少库存和债券，等等。1998年，公司按计划节省了总开支的50%，其中包括把投资规模缩减30%，机构精简30%。同时，还出售了利川电气和不动产，回收了5000亿韩元的企业职工贷款。这些举措齐下，让三星电子共回笼资金1.2万亿韩元。从此每年节省2万亿韩元的费用支出，在1999年起就抵掉了亏损部分，实现3.17万亿韩元纯收入。

危机九　夹缝中求生

让属于市场的回归市场，完善市场和竞争机制，改变微观结构，才能影响与改善企业的行为模式和最终表现[②]。

——刘俏

对于民营企业来说，不仅要承受来自内部激烈的行业性竞争挤压，还要对抗海外强势品牌的国际性竞争，同时国内的生存环境愈发严峻，不管是资本经济的冲击，还是在融资环境与产业政策上，民营企业被夹裹在压力之中，孤独而艰难地求生。尤其是在2018年，当"资本寒冬"降临时，经营者感慨的不再是做大做强，而是"活下去就好"——就像吉利总裁安聪慧说的："活下去真好，我们可以从零开始，可是活下去真难。"

[①] 燕菁.三星如何在亚洲金融危机中崛起[J].现代人才，2013.
[②] 刘俏.从大到伟大：中国企业的第二次长征[M].北京：机械工业出版社，2018.

案例　难以逾越的楚河汉界

吴晓波提出的民营企业四大困境，第一个困境是所谓的"楚河汉界"[1]。说的是在中国的商业环境中，企业因为资本形态的不同而被分为两种：一种是国有资本控制的国有企业，另一种是民营资本控制的民营企业。这两个类型，并不总是处在同一个"战场"上。通常，国有企业在上游区，比如资源型、能源型产业；民营企业在中游和下游区，多数是消费型产业。与民营企业生存息息相关的上游资源，决定着利润的多寡以及市场的未来空间。然而这些资源类产业，大多掌握在国有企业手中，对于中下游企业注定造成一种压迫。比如，在利润率的影响下，上下游企业的差距是非常大的，中下游企业、行业在很多方面依赖于上游企业、行业，利润明显会被上游企业、行业挤压。

比如"吉利豪情"的生产，李书福面对的零部件采购的困境。当时零件的资源基本上都在国有企业手中，购买并没有那么容易，他找到了上海大众的某零部件汽车公司，当他说明来意，并表示将投入5亿元时，总工程师连招呼都不打一声就走了。其余的供应商不是拒绝，就是趁火打劫，只有少数人有感于李书福对梦想的追求，或同情他的处境，象征性地卖些给他。于是困难重重下，七拼八凑的"吉瑞一号"出世了。

一、危机：外部市场飘摇不定

1. 国际品牌涌入，竞争加剧

从供应链和市场两端收紧，围剿民营企业。20世纪80年代的以市场

---

[1] 吴晓波. 中国民营企业有四个经典困境. 经济之声，2011.

换技术方针，躺着赚钱的思维，让众多"合资方"身份的国有企业变得慵懒，将自主科研与创新看成了高风险、高投资的事情，导致国内自主品牌竞争力下降，缺乏核心技术。外资、合资企业对小市场从来就不感兴趣，他们占领的是优质的市场资源，瓜分掉丰厚的利润空间，而留给民营企业的，是低利润的狭小空间。就像是最初的"吉利"和"长城"，在合资、外资、国有企业联合的挤压下，一方面是没有技术，一方面是买不到零部件，还有高端市场的禁入，逼得李书福只能自己买车、拆车、组装车，靠自主研发把现有市场做大。

2. 中美贸易摩擦对贸易和经济的影响

就像基辛格2018年来北京时说的，"中美关系会形成新的范式"。这个新的范式到底是什么？基辛格没有说。但他说，"肯定是回不到过去了"[1]。中美两个超级大国的关系，会直接影响到资产市场的倾向，投资者的预期降低，经济低迷就难以逆转。

3. 原材料飞涨，也是近两年民营企业压力之一

通胀效应的症状初现，货币超放M1、M2持续走高，市场萎靡不振，中美贸易摩擦引起的出口受阻，去产能下的限产停产，等等，诸多因素综合在一起，企业不得不涨价进而平衡财务盈亏，致使上游不断涨价嫁接成本，下游购买力大大缩水。

4. 环保与去杠杆

去杠杆对资金链的影响在前文有所叙述，这里单说环保一项。2019年开年，绿色税法开始实施，对四大污染物，即大气、水源、噪音及固体废物征收环境保护税，在正向减排机制的引导下，民营企业想要减少税负就

---

[1] 基辛格.中美关系再也回不到从前[N].先驱报，2018-11-16.

必须进行转型技改，然而这其中的成本又是一大笔高昂的开销。

5. 减税增负

有研究报告指出："当前我国企业实际税费负担接近40%，对企业来说意味着死亡。"[①] 换句话说，只有毛利在40%以上，企业才算真正盈利。然而，能达到这个标准的民营企业并不多，比如"利润比纸薄的实体企业"，平均利润在5%~10%，就像小米的硬件净利润甚至低于5%。对于小微企业而言，摆在面前的就更为现实了。劣币驱逐良币，这是存在已久的恶性循环，一个人如果想创业，首先要考虑的不是对社会的意义，而是盈利能不能超过40%，让自己活下来。

2018年以来，国家推出很多减税政策，但是在实际运行过程中，正如管清友所说："令很多企业感到'减税增负'，特别是服务行业的企业：进项抵扣没有了，发现经营负担比原来还重。再加上对于社保的缴纳要求，很多企业在原有基础上负担更重了……。此次经济增长下行还远未结束，刚到下半场。仅仅国家层面上拉动经济是不够的，最主要是盘活民营企业。"[②]

举个例子，假设一名员工的月工资为税前1万元，那么企业实际付出的成本是14 410元，人工成本无形中增加了40%~60%，而员工缴税后实际收入是7454元，也就是说企业付出将近两倍的成本。

在2017届亚布力论坛上，有一位来自IT行业的经营者感慨："把消费税完全以增值税的形式转嫁给企业，并由企业预先扣缴，导致消费税在企

---

① 经济学家李炜光、张林、臧建文等人，对于中国民营企业税负问题与税制改革进行了调研.
② 杨元庆.亚布力呼应曹德旺：税收结构不合理，企业压力大.虎嗅网，2017-02-11.

业内累积，占用企业资金。高达 17% 的增值税，也是各国增值税中相对较高的，导致宏观税负接近 40%，这在全球范围内都是高的。"

营商环境的改善，现在已经是推动经济发展的重要议题。在彻底改善之前，对于民营企业来说，也就是无法回避的"生死"问题。

二、对策：追求品牌价值，比"寻租"重要

过去几十年间，中国形成了一种独特强大的商业"模式"——寻租。它的诞生基础，是制度设施、政策设计不完善。它让企业成功的先决条件不再是技术或产品，而是寻找"漏洞"或政策"机会"的能力。直到今天，这种思维仍然没有改变，催生了大量迎合政策而生的企业，它们并不具有服务市场的先天基因，却掌握了资源与资金，得以存活很久。当市场竞争者逐渐增加，供需趋于饱和甚至过剩时，"寻租"带来的效益也就耗尽了。对于民营企业来说，如果此时依然没有核心竞争产品或者高价值品牌，将注定被挤出本就狭窄的"夹缝空间"。

在 2018 年，全球品牌咨询公司 Interbrand 发布的世界 100 个最具价值品牌排行榜上，美国占了 52 个，德国占 10 个，法国占 7 个，日本占 6 个，英国占 6 个，中国只有华为入围。

国内投资者和经营者对"短平快"的钟爱，就像是一种难以治愈的精神顽疾。

改革开放 40 多年，中国企业并不缺少热爱高价值品牌的土壤，路易威登、博世、香奈儿等，这些品牌无不受到国人的青睐。新近红火的高价值大众品牌，也有故宫文创这样的先例。其实，中国还有很多品类尚待挖掘，作为企业经营者，我们的首要责任是战略的制定，这其中选定竞争对

手又是关键一环。未来，中国企业的竞争对手应该是生产高价值品牌的国际企业，而不是国内那些热衷于跟风模仿的"山寨"企业。

北京大学学者刘俏在他的著作《从大到伟大》中指出："中国也许有全世界最好学、最勤奋，最贴近市场的企业家，他们能在短短三十年杀出重围，具备了市场敏锐度和对远景的综合控制。可是，中国却很难产生类似通用电气或IBM那样的世界级企业。"

希望有一天，民营企业的"活下去真好"会变成"活得更美、更好"。

创业危机管理

第八章
未老先衰

　　古埃及、苏美尔、古巴比伦，都是曾经辉煌无比的强者，却又都在顶峰跌落。企业也是一样，从诞生到死亡，不过是一个与周期对抗的过程。美国著名管理学家伊查克·爱迪思，提出了企业生命周期理论。他指出，任何一个系统，不管是会呼吸的，还是不会呼吸的，都有其生命周期，都要经历出生、成长、衰老和死亡的过程。公司也是如此。想要企业长久地生存，关键在于不断地延长它的壮年期，避免危机引发的企业衰亡。

危机十　壮年短暂

我隐隐感到，我正在告别一个激情的年代，正在告别一批曾经创造了历史，而现在又行将被历史淘汰的英雄。他们史诗般的神话正如云烟般在世纪末的星空下消散。[①]

——吴晓波《大败局》

案例　蒸蒸日上的假象

一个年纪轻轻、身体健壮的小伙子，前天还跑了马拉松，昨天却猝死在床上。读到这样一则新闻，人们在不胜唏嘘之余，都会觉得不可思议，到底是什么导致了他的壮年夭亡？很快大家就发现，其实是年轻人身有隐疾却未获重视。

与之类似的是一些企业的生存状况。比如我所认识的某文化公司，新一年度誓师大会刚开完，本以为正处于蒸蒸日上的壮年期，却突然开始大幅度裁员，业务萎缩、士气大减，不出半年就面临破产危机。

有人可能会说，这是中小企业才会出现的问题。但是就如中

---

① 吴晓波.大败局[M].杭州：浙江人民出版社，2001.

国最大的大豆进口商、成立于1999年的山东晨曦集团有限公司，曾经于2016全年销售收入高达432亿元、山东排名第二的明星企业，连续7年入围中国民营企业500强，却在2018年7月资不抵债，最终申请破产。这其中原因比较复杂，有来自外在的因素，如银行方面的大豆融资失利，中美贸易摩擦下的市场压力，经济大环境，等等；也有来自内部的因素，如行业分析不够，忽略供需平衡造成产能过剩，资金链运转过度依赖银行，等等。这些危机并非同时爆发，而是在不同时期中逐渐显现的，最终累计叠加形成了致命一击。

一、危机：壮年期的隐疾

壮年期的企业很少寻求外部治疗，因为管理层认为没有这个必要。公司表现得很好，比如盈利水平保持较高水准，市场渗透良好，品牌知名度逐步扩大，但是企业在壮年期的衰落并非一定是利润下滑、债务陡增等明显问题，反而常常是一些并不那么引人注意的细节。这些细节的日积月累，让管理层麻痹，也让企业越来越平庸，直到被衰落的泥沼淹没。根据伊查克·爱迪思的企业生命周期理论，这些细节主要表现为以下几点：

（1）感到满足，变得消极。企业在壮年期取得成功后，资金充裕下会产生强烈的满足感。为了规避风险而保存精力，不再为理想冲刺，为了生存而活。

（2）分权不足，出现内斗。壮年期分权不足，或者没有分权，导致官僚主义滋生，内部相互尊重的气氛瓦解，内斗不断。

（3）创业精神减少，止步不前。从强调功能到强调形式，由创业时"我们还能做什么"变为"我们还能少做什么"，从开源到节流。

（4）靠老方法办事，懒得理外面的世界。从权宜之计到驾驭机遇，不再关心如何实现计划及目标，依靠原来的方法经营企业。

（5）不愿意冒风险，为了做而做。规避风险，不愿打破现有局面，不愿拿现有的稳定局面去冒险，做怀疑论者，在证明其正确之前，先假定它是错误的。从把问题当作是机会，变成把机会当作问题。

（6）内部管理费用激增。管理者从关注外部拓展，转到解决内部组织架构，职责、职权不清晰，在官僚主义下，内耗成本增加。

（7）权力中心离开一线人员。权力中心转移，从销售和营销部门过渡到财务和法律部门，一线部门失去权力，却仍要为责任买单，体制向着集权化过度。

（8）忽视判断力，依赖数据说话。直觉与判断力被数据代替，不敢轻易尝试不确定的方向。

（9）失去对未来的期许。对未来的目标不明确，活下来成为最终目的。

二、对策：如何保持壮年期

达尔文曾说："能存活下来的物种，既不是那些最强壮的，也不是那些最聪明的，而是那些最能适应变化的。"

要想在市场竞争中保持优势，资金雄厚、员工数量并不是最重要的因素。想想猛犸、恐龙，在时代变迁到来时，反而是体形越大越难以适应。所以，一个企业一定要具备适应能力，能及时调整方向。在企业运行中，内部与外部的问题总是会不断地出现，这是一个长期持久的状态。所以好

的企业，不是没有问题，而是能与问题共舞，提早遏制危机、化解危机的企业。

壮年期的公司要谨防形式凌驾于功能之上。为了避免这种情况的发生，需要在管理方式、组织架构方面进行必要的设计。

1. 基层小团队，减少冗余沟通、资源浪费

互联网上的现象级产品微信红包、王者荣耀游戏，都不是公司级大团队做的事情，而是基层小团队做的事情。

微信红包源于腾讯的一个产品经理，上班聊天聊到一个痛点：很多人过春节没法回老家给小伙伴发红包。他觉得微信上可以解决这个问题，于是找了几个平时认识的程序员，利用下班时间工作两周，做出这个程序。腾讯内部还有一个逻辑叫"灰度发布"，不需要经过反复论证，就可以把你的产品推给用户。通过"灰度发布"这个渠道，春节前一周上线，效果非常好，两周时间就逆袭完成了支付宝4年的数据。

现在很多公司里，如果调动其他部门人员或其他资源，都是跟直线领导汇报，直线领导反复论证，再跟其他领导沟通，然后合作；腾讯的小团队协作根本不用通过领导去协调资源来解决问题，而是自行沟通合作。这种采用网状结构的管理方式，让员工在组织里天天可以接触不同的人，而且能遇到互相欣赏的人。大家在一起经过思想的碰撞，很容易出现灵感，多功能团队很容易搭建起来。

2. 公司结构家族化

壮年期公司不断地建立子公司，创造新生后代，这让公司结构像一

个大家族，壮年期的目标是创建新的婴儿公司（贵族期公司的目标是投资婴儿期公司，学步期公司的目标则是自己养活自己）。公司应该以业务单元组合的形式存在，类似于产品组合。每个业务单元都处于不同的生命周期，一些业务单元衰老了，其他新的业务单元又会出生。各单元之间的相互依存关系，能保证整个家族顺畅运转。

另一方面，分权是通过激发创业精神而延缓公司衰退的积极手段，而壮年期是分权的最佳时期。因为员工在这个阶段已经知道自己在做什么，工作有了把控度，还有相应的组织结构和制度确保工作以正确的形式完成。

延伸阅读 企业生命周期划分[①]

对于婴儿期的公司而言，资金是最重要的。到了学步期，公司是创始人个人的游戏，而顾客是上帝。到青春期时，公司与它的管理层一起成为客户，开始努力保护自己的利益，并经常与公司的所有者甚至顾客的利益产生冲突。

在壮年期，人的因素开始作为一个利益相关者出现了，并与其他所有利益相关者相互联合并达到平衡。中高层管理者、资本、劳动方，以及当前和未来顾客的利益都达到了最优化。

在衰退阶段，随着公司适应变化的能力变差，顾客越来越不受重视。管理层的个人目标也变得不那么重要，因为管理者已经不再是公司的推动力量，而是被动地随着公司走。

在衰退晚期，每个人的目标就是活下去，有些人已经开始

---

① 伊查克爱迪思. 企业生命周期[M]. 北京：中国人民大学出版社，2017.

"弃船逃生"了。在官僚主义严重的公司，如何在派系斗争中生存下去，成为大家的目标，这常常意味着外部的利益集团掌控了公司的决策过程，而公司的各组成方的利益已经不再重要了。

危机十一　停止生长

伟大的国家会日薄西山，也会东山再起，卓越的企业也一样能够在形势式微之后卷土重来。

——吉姆·柯林斯

当生命停止生长时，它便开始走向死亡。有很多企业，刚刚过孕育期，在初创期寻找模式和方向的时候，就停止了生长，连壮年期都无法达到，但是经营者却很难从财务报表上看出停止生长的蛛丝马迹。这很像是某些疾病，在早期的症状非常隐蔽，等到你察觉到足以引起重视的症状时，这时候的治疗会很困难。因此，企业要做的是想办法在早期发现问题，并消除隐患。

案例　　掉队的"互联网黄埔军校"

2019年，搜狐21岁。第一季度财报：总收入为4.31亿美元，同比下降5%；净亏损5500万美元，同比减亏50%。搜狐视频净亏损为2700万美元，同比减亏43%。

当阿里和腾讯的市值已经超过了4000亿美元，网易300多亿美元，后辈美团400亿美元时，搜狐的市值却跌到6.8亿美元。

张朝阳一度被称为"中国互联网第一人",却在近些年不止一次检讨:"我这个CEO以前很多事没做好,懒惰,该关心的不关心。"当时有媒体这样形容张朝阳:"他就像菲茨杰拉德笔下的盖茨比,上山下海,拥有豪宅和游艇,稠人广坐,夜夜笙歌,搜狐大楼的玻璃外墙足以反射出100个太阳的光辉。"[1]尽管他没有像盖茨比一样沉入冰冷的池水之中,却依然迷失在了世俗的光辉之下。2008年以后,张朝阳当起了甩手掌柜,公司的事务交给几位高管打理。他不再做任何与工作相关的事情,高管打给他的电话时常不接,发的短信也不回复。他开始追求心灵上的平静——每天忙着看书、登山、听音乐,思考成功后的人生。

十多年间,阿里巴巴、腾讯、美团、百度、今日头条、京东、拼多多等众多借由互联网,以电商或内容为势的企业一步步发展壮大,成为整个世界都熟知的存在。不论是电商、移动支付、O2O、直播、短视频,搜狐没有分割蛋糕;而且它的主营业务——社交、游戏、视频和输入法,也被压缩到底。最可惜的是搜狐视频,由于反市场而行的小成本战略,退出了第一方队。截至2019年8月,如果不是发现搜狐市值缩水九成,媒体快要遗忘曾经的"互联网黄埔军校"。

一、危机:远去的冒险精神

在企业创立初期,什么资源都没有的前提下,风险与代价更像是一种激励:他们无所畏惧,有勇气去承担风险带来的损失,因为本来就什么都没有,就像20岁的年轻人。

---

[1] 小小高.没落的搜狐,孤独的张朝阳[N].电商报,2019-08-14.

可是，人一旦到中年以后，那些我们在乎的人、事、利益等东西越来越多，生活就变成了另一个课题——规避风险。这种自我保护意识和自我约束会让经营者更加重视成功，甚至降低预期确保结果，即使有些事情做得并不那么好看，也会被粉饰成另外一种胜利。

举个例子，一个企业的副总面对没有把握的项目，是做还是拒绝？不做就不会出错，做了如果失败，自己将职位不保——那就不做，因为失败的成本太高了。越来越多的机会成为了问题与麻烦，而那些发现机会的人，则被看作是制造麻烦的人。

1. 被桎梏的行动力

在企业刚刚成立的那几年，大家挖空心思去扩展业务，创业的激情熊熊燃烧。"还能做些什么"成为员工的日常口号，信奉"多即是好的"发展理念。然而，在资本与企业的体量累积到一定程度，业务来源趋于稳定后，就会渐渐地发现，利润来源很大一部分是从压缩内部成本上得来的。

当业务稳定之后，执行力的导向将发生转变——制度将成为主导，无论员工做得多出色，只要没有按照流程走，或者是有丝毫的偏离规章，都会遭遇提醒，或者受到相应的惩罚。比如一位产品经理，他曾就职的一家膳食纤维公司有7个副总，每一项申请都要有7个签名，而他们当中又有着利益冲突，所以，经常是一件事情半月都批不下来，或者干脆被驳回。

试想，如果有无数只眼睛等着你犯错，你还会做什么？还敢做什么？

2. 一线人员失去职权

随着企业进入稳定发展期，规章与制度逐渐完善，行政管理部门的权

责得到重视，个人的职权淡化，职责变得更加清晰，管理人员与执行人员的权利是均衡的，这个时期是企业发展最快的时期；但是企业停止生长的迹象恰好反映在这样的制度之上。这就是权力中心的转移。

也许很多人都有过这样的经历：曾经负责大量的工作，人员和资金匮乏，公司正处在发展多变阶段，具体的职责无法清晰划分，然后却发现，权力中心逐步偏向行政人员——体制赢得了权威。比如，某家B轮融资过后的企业，主导权已经开始偏向于财政与法律部门，业务部门希望拓展新兴市场，而财政部门基于风险评估不予批准，最终导致项目流产。

这种现实情况很容易被认为是理所当然的，毕竟一线冲锋陷阵的人员看到的是机会，而行政看到的是风险。如果没人阻止形势的继续发展，当一线人员失去了职权又要承担责任的时候，企业发展将受到抑制，所有荣誉不过是明日黄花。

3. 现金流丰沛的假象

很多经营者为资金短缺而头疼，因为运营预算高于收益，而随着企业资金的累积越来越多，能花掉的钱越来越少。钱多当然是好事，但是如果没有花钱的计划，就不是好征兆了。

比如，ofo共享单车鼎盛时期，一个人在国内一天的差旅费报销可高达万元，资金丰沛到如此境地，官僚主义滋生，也就成了难以避免的问题。

二、对策：自上而下激励

现在很多进入稳定期的民营企业，会投资或收购一些初创公司，利用

这些新鲜血液补充消耗殆尽的创业精神取心。对于已经停止生长的企业来说，更能产生作用的措施，是自上而下的领导层激励。

1. 管理层"瘦身"

IBM 曾经是计算机行业的第一领导者，但是到了 20 世纪 80 年代后期开始走向衰落，在 1991—1993 年企业亏损 150 亿美元。直到 1993 年，聘请了新的 CEO 郭士纳，这种局面才开始扭转。郭士纳为此写了一本书《谁说大象不会跳舞》。

当时，为了强化 IBM 高级管理人员要负责创造财富，而不是坐拥财富的观念，IBM 高级管理人员如果不自己拿出现金购买公司股票的话，他们就不能得到公司给予的股权激励。郭士纳打造了一支 300 人的领导层队伍。这个领导层并不能得到一年一签的"铁饭碗"协议，他们的职务都要根据各自的表现进行相应的调整。到了 2002 年，原来的 300 人领导团队中，只有 71 人得以留任。

2. 老员工重新竞聘上岗

近些年，华为在全球的地位越来越高，不仅在手机行业上取得晋级三甲的好成绩，其基建主业也名列前茅，受到大众追捧。华为取得的成绩，离不开任正非越来越强烈的危机意识——"惶者生存"是任正非管理的座右铭。

2017 年 9 月，任正非做出了一个决定，鼓励在华为就职超过 8 年的老员工自愿辞职，然后重新竞聘上岗。截止到 2018 年 9 月，约有 7000 多名老员工响应号召，其中也包括任正非和其他创始人。

说是鼓励，其实是华为内部下达的新规定，凡工作满 8 年的华为员工，必须由个人向公司提交自愿辞职申请，在达成共识之后，再次竞聘上岗，重新与公司签订劳动合同，而原有的工作岗位基本不变，薪酬上会有一定幅度的提升。但是，以往的员工 ID 与卡号将被注销，工龄也将重新计算。参与的员工会获得 n+1 个月工资的赔偿。外界预估，这一波操作烧掉的赔偿金额超过 10 亿元。

实际上，那时的华为老员工中很多人就像是"公司的贵族"，稳定与丰厚的期权收益使他们没有了危机感，失去了进取精神，出现了前文提到的症状——感到满足，得过且过。官僚主义在不知不觉中滋生，加重了拉帮结派的内耗。这与华为的狼性文化背道而驰，如果不及时解决，症状就会像疾病一样快速蔓延，市场部门、研发部门、业务部门、生产部门……，都会被惰性侵蚀。换句话说，10 亿元换来的是员工的危机感，割掉了一个没有恶化的"肿瘤"，以激励企业继续成长，避免企业由盛转衰。

危机十二　过度集权

导致企业失败的决策，恰好是在领先企业被广誉为世界上最好的企业时做出的。

——克莱顿·克里斯坦森《创新者的窘境》

集权本身存在的意义具有两面性，优势与劣势并存。创业初期，高度集权是民营企业经营者的权杖，作为企业的经营者（尤其是创始人）不能也不应该过多地将决策权交给其他人，必须确保政令统一，便于管理，建设易于贯彻、落实标准化程度更高的组织秩序，这样做更加有利于集中所有力量完成目标，这是初期统筹全局的最佳方式之一。

一部分民营企业即使进入壮年期，仍然保持着这种高度集权的状态。高度集权的时间越久，对授权的环境造成的破坏力越大，这将导致核心团队无法成长，员工的积极性受到抑制。一旦出现危机，企业命悬一线，生存的希望集中在经营者一人身上。

案例　　海尔：核心成员出走[①]

海尔的精神教父张瑞敏，70岁高龄仍然奋斗在第一线，有人说："海尔实行的是威权主义文化，张瑞敏是威权领袖，他的核心团队无统帅之才，多的是雷厉风行的执行猛将。"

海尔的一位高级管理人员也在接受采访时表示："海尔内部，有思想、有个性的高级管理人员都待不长，面对强势的张瑞敏，唯一的办法是不断重复张氏语录，如'日事日毕，日清日高'，'把简单的事千百遍都做对就是不简单'之类，久而久之，凡有孔明之智或韩信之才者，大多只有离开这一条路。"

思想者在过度集权的企业中是不被需要的，要么隐藏思想，要么走人。

所有的决策权都集中在上层管理者手中，而中层与基层的管理者，不需要参与，也无权参与，成为纯粹的执行者。长久下去，消磨殆尽的是他们的创造性与积极性，没有了归属感，没有了发展的空间，在工作热情消逝后，只能有两个结局：一些变成被动型的"僵尸员工"，机械地重复着每日的工作；另一些厌倦

---

① 李华刚. 财富百年传承——中国民营企业交接班危机与对策[M]. 北京：中华工商联合出版社，2018.

了的人,尤其是那些有能力、有干劲,想做事情的人,就会选择出走。

曾经有人形容海尔的内部会议,唇枪舌剑的激辩没有,反对的声音没有,有的只是一片附和之声,只要张瑞敏点头,即使有人反对,也无人理睬,重大的问题只能等待张瑞敏拍板,如果他不在,那么就无法生成执行决策,九成以上的问题必须"等张总回来再定",最终延误了商机。

当企业发展状态已经超出了个人努力决定成败的范畴,仍是过度集权,将不利于企业规模的进一步扩大,那时想要分权,甚至会引发危机。

2008年前后,海尔一共有7位核心高级管理人员先后出走,包括董事长秘书、董事、总经济师、副总经理等,其中4人在辞职后抛售海尔股票,剩下3人为海尔的创业元老,干脆放弃了价值600万元的期权,致使海尔股价下跌9.97%。核心成员流失,信息交流受阻,员工积极性丧失以及决策质量降低,导致团队的能力下降,部门失去了自我调节的能力,以及动态环境下的应变能力,尤其是在应对突发事件时,团队表现出明显的老化与迟钝。

一、危机:过度集权让企业成为自己的敌人

企业一线员工发现的问题,传达给上级需要层层递进,当涉及利益关系时,常常是下情难以上达。有人认为这是企业制度设计的问题,于是下大力气增设"情报部门",却不知道真正阻碍了信息传达的是"过度集权"。在过度集权的企业,经营者希望能全方位监管企业,同时也害怕失

去对企业的控制权。

于是，员工更喜欢"讨好上级"，而不是勇于表达见解。当这成为员工的生存之道，集权者就无法获得客观的信息和理性的提议，也难以认识到企业战略的效能、产品研发的极限，从而做出正确的决策。被成绩冲昏了头脑的经营者，相信自己无论如何都会得到支持。

员工出于自身利益，既可能否认问题的存在，也可能夸大问题的严重性。比如，他们可能报告说存在闲置产能，或者也可以说产能利用率过高[①]。这些报告往往缺少客观全面的判断，更多是基于个人需要。对于企业经营者来说，迷失在大量不真实的信息中，自然无法正确决断。此时，领导者如果做出错误的决定，也不会有员工敢于指出来。

以经营者为中枢神经，管理层与员工皆为末梢神经，这种大权独揽、小权分散的高度集权体制，就是所谓的"一个人公司"。这种近乎专制的集权，对于经营者个人的要求非常高，决策权在一人手中，企业中不需要也不允许存在有独立意识的高层管理人员，只需要经营者一个人的大脑就足够了。于是，任何错误都会被放大，为企业带来不可逆转的损失。

娃哈哈是比较典型的企业，董事长宗庆后如今70多岁仍旧独掌企业帅印。他的女儿曾经这样评价她的父亲："他每天飞来飞去，到酒店就会有一大摞的报告拿给他签字审批，然后就有人帮他传真，传到我们总经办，总经办再把指令分解下去。整个公司只有一个脑子。我希望父亲能够考虑引进职业经理人，但是我估计，没有人能够融入我们公司的文化。"[②]

[①] 雅诺什·科尔奈.警惕"过度集权化"[J].21世纪经济报道，2012-04.

[②] 宗馥莉.不了解中国企业现状，也不清楚国外情况.观察者网，2013-11.

娃哈哈是宗庆后，而宗庆后也是娃哈哈。就像他的女儿说的那样："娃哈哈减去宗庆后等于零。"

在"一个人的公司"中，只有执行者才能生存。权利不能下放的结局就是，一旦决策人不在，整个企业就会停摆，就像走钢索的人一样，随时可能坠落。

二、对策：长青企业的自我纠错

曾就职于麦肯锡的柯林斯，在写《基业长青》一书时做了一项调查，从美国企业排名中选出 700 多家企业，对它们的 CEO 进行问卷调查，从中又选出排名前 20 位的公司，对长青企业的 CEO 的特征进行了验证。

他发现，人们对于优秀企业有着极大的误解，其中有一项是："长青公司需要杰出而且眼光长远的魅力型领导者"。实际上，相比领导人物，"长青企业"拥有的是重视企业文化建设的 CEO。魅力型领导对企业的长期发展很可能是有害的，而且那些出众的 CEO 并不是高姿态的魅力型领导，有些人更是刻意避免做这种类型的领导，他们更注重如何组建一个永恒的组织。

从企业领导者的角度来说，对分权与授权进行良好规划，将降低因为自己的"独裁"决断导致企业发生致命损失的概率，而且还能促进企业从一个老的生命周期进化到新的生命周期，它从内部与外部两个方面带给企业新生动力。

1. 分权

20 世纪 90 年代以后，随着市场变化程度加深，以及民主思想的深入

人心，企业的分权制度越来越受到重视。比如跨国公司 ABB，它在全球有 500 多个业务部门，它们各自都是独立的作战单元。

分权是权力的横向运作，把属于"我"的权力完全交给他人，是权力的一种制衡。它是企业体制同一级别内权力的再分配，是有系统的授权，其决策权被分权者拥有。这样一来，收集信息和利用信息是相同的人，自身利益会驱使他们尽可能做到准确无误。分权会提高业务部门的经营管理效率，以及核心技术人员的积极性。

但是，也应该注意避免不合时宜的强制性分权。比如，很多企业存在"业务部门（或子公司）长不大，总部又成了空壳子"的现象。这是因为企业转型过程简单，导致组织退化，管理粗放。子公司只是在法律性质上发生了变化，其实还是原来的业务部门，只不过当成子公司来管理。从生产部门变成经营部门，其市场功能、经营管理体系都需要重新建立，这个过程不是一蹴而就的，需要一个过渡期。"幼儿期"的企业如果放纵不管，最后的结果肯定是权威被弱化，无法走向"成熟期"。所以，总部一定要精心养育"幼儿期"的子公司，包括完善市场功能、管理职能等。

2. 授权

授权本身就是一种监督，是上级对下级的短期权责的授予。它是企业权力的一种纵向运行方式，是一种奖励，一种契约，将"我"负责的事情交给他人，而"我"负责监督并承担责任。授权者拥有决策权，并对所授权力负有责任，授权后没有正当理由不能轻易剥离责任。

举个例子，2018 年 9 月马云正式卸任阿里巴巴董事长，接班人并非他的儿子，也不是创始人，甚至也不是阿里巴巴自己培养起来的管理型人

才，而是近乎空降的职业经理人——张勇。马云从授权到放权，经历了几年的时间，而张勇也从副总过渡到CEO，从拥有200亿元以下的决策权，到拥有千亿元的决策权。

比马云更早的，是家电行业的巨头企业"美的"。

何享健因其"授权彻底"而知名，他管控美的所达到的境界在于："老板什么都不管，什么都清楚（受控），什么都授权，什么都有序，一切尽在掌控中。"有人专门采访过美的的经营管理机制，总结出它的最大特点，就是能"通过有效控制持续激发其内在经营活力，通过机制与制度建设形成了内在的竞争优势"[①]。简要说就是：一个核心，即充分信任，有效放权；两个基本点，即高绩效主义，分享利益；三个关键，即高压力、高绩效、高收入；六大机制，即治理机制、运营机制、分权机制、利益分配机制、组织机制、用人机制。他说，从1997年起，他就管8~10个人，除了三位子集团总裁和几位事业部总经理之外，他都不管，"我只管理异常"。他建立了一个坚实的铁三角：发展舞台、人才、授权。让集团营业收入从2000年到2011年里，成长超过12倍。

延伸阅读　　霍桑效应

1924年，芝加哥郊外的霍桑工厂展开了一场实验调查。领导者的目的是证明"明亮的灯光会提高工作效率"。通过调查，他们有了一个特殊的发现。

最初，调亮工厂的灯光确实提升了工作效率。研究人员看到

---

① 彭剑锋.何享健的授权学[J].洞察，2012.

这个效果都很高兴，然后在进行"调暗灯光与明亮（通常）状态比较"时，发现工人们的工作效率仍然得到了提升。研究人员逐步将灯光变暗，但令人吃惊的是，越是昏暗的环境，工作效率越高。最终研究人员推测，是因为员工认为自己受到关注，所以下意识地提高了生产效率。即是说，很多人都被自己所限制，并没有发挥出更大的能力，但是一旦人们发现自己被关注，就会下意识地解放被限制的工作能力，响应周围的期待，发挥出更强的实力。这种效应被称为"霍桑效应"。

斯坦福大学的彼得斯博士指出，如果员工能获得"空间"，即被鼓励追求"主动权"——当他们意识到自己被期待，能够称为创业家和革新家，将释放出超乎预期的能量。

危机十三　后继无人

好的管理不是一场马拉松比赛，而是一场接力赛。

——伊查克·爱迪思

企业的交接班问题，是商业世界的共同话题。在全球企业寿命最长的日本，超过100年的企业有25 321家，超过1000年的企业有21家，占据了全世界最古老企业前8名，其中有一家叫金刚组的企业，存活至今已有1400多年，要知道日本有记载的历史也不过才1700多年。[1]

---

[1] 李华刚.财富百年传承——中国民营企业交接班危机与对策[M].北京：中华工商联合出版社，2018.

第八章 未老先衰

案例　中国民营企业的交接班危机

我国的民营企业中，大概有1/3正处于新老交替当中。根据麦肯锡咨询公司的调查报告，中国民营企业只有30%能传承到第二代，而能传承到第三代的低于5%。如果按照70%失败率计算，未来的十年间，因企业传承陷入危机的民营企业，其失败率几乎等同经济危机下的死亡率。

从20世纪80年代初至今，最早一批活下来的民营企业，其创始人大多数已经过了花甲之年，传承的高峰期即将到来。有数据统计[①]，将近500万个家族企业，其中的300万已经从第一代传到第二代，但是在传承的这些企业中有2/3的企业已经在第二代手上被淘汰。研究者指出，企业经营者对权力移交常常视而不见，或是干脆采取漠然的态度。"权利继任者的选择方式、培养机制和上任方式的安排上，很多仍然是不成熟的、盲从的、杂乱无序的、非理性的、无规则的和不负责任的"。

中国台湾地区的企业在2017年的统计结果是，前30强家族企业，没有交接班规划的部分企业创始人，很多人的年龄已经接近七旬：鸿海董事长郭台铭69岁，铭基友达集团董事长蔡焜耀66岁，华硕集团董事长施崇棠66岁，联发科董事长蔡明介68岁，台新金控集团董事长吴东亮68岁，硅品精密董事长林文伯67岁，霖园集团董事长蔡宏图66岁。

我们的传统文化习惯于规避讨论死亡，我们总是认为死亡是一件遥远的事情，于是顶层结构设计，接班人，团队建设，等

[①] 李华刚. 财富百年传承——中国民营企业交接班危机与对策[M]. 北京：中华工商联合出版社，2018.

> 等，总是悬而不决。一个历经艰辛、让一切走上正轨的企业，却往往不得不面对如下两种情况：缺少行之有效的交接班制度，或者缺少家族培养的能够胜任的继承人。

一、危机：难以找到接班人

中国民营企业不论规模大小，血缘传承模式依旧是首选。民营企业中90%为家族企业，而经营者半数以上都希望儿女能直接接管企业。

方太集团的创始人茅理翔说："家族传承是天命，天命不可为，这是父子俩首先明白的法则。"然而，在中国民营企业中，愿意"子承父业"的继承人仅有18%。其中，有人对父辈不满，有人对传统行业不感兴趣，有的不希望被企业责任束缚，有的干脆在国外长大适应不了国内环境。

1. 家族后代"不想接班"

有一位温州朋友，今年已经64岁了，有一儿两女。孩子高中就被送到德国读书，没想到儿子却瞒着他偷偷改了音乐专业，两个女儿更是对企业经营毫无兴趣。他几番劝说无果，只好咬牙自己扛。下一代没有兴趣不想接班，是企业家族继承人中最常见的一种表现。因为"二代"们在优异的生活环境中长大，按照马斯洛的需求理论，"二代"们需要的不再是金钱与尊重，而是精神满足与自我价值实现，他们对没有兴趣的事情缺少激情，其实符合了最基本的人性，这理应被"家长"们预见到。

2. 家族后代"接不了班"

有研究机构曾经对台湾地区的企业做过调查，报告结论是，60%的企

业在隔代交接班后 5 年内"人间蒸发"。家族企业传承这种方式，其实是凭借曾经积累的老底子，面对新兴对手在竞争激烈的市场中逆水行舟，很难与市场经济的大趋势相抗衡。二代继承人对自身以及企业的定位是否清晰，是否真的准备好了，是决定企业传承成功的关键一步。

二代继承人的上任，可能面对以下几个主要问题：

（1）大多具有"海龟"背景，与父辈有截然不同的知识体系，行事作风与决策引起企业管理层水土不服。

（2）缺少人生历练，面对危机与困难时显得经验不足。

（3）父辈的集权仍有影响，导致决策遭受质疑。

（4）个人能力不足，选定错误的方向，启用错误的人。

3. 创始人的偏执

传承危机不仅来自二代，企业经营者自身也是导致危机的重要因素。很多时候，他们不愿意放手，放手又不知道该让给谁，由此导致"过度集权"的危机。很多经营者，特别是民营企业的创始人，基于各种原因，并不愿意放弃权力。

（1）不想让位的第一代。

香港传媒大亨邵逸夫，全世界任期最长的 CEO，直到 102 岁才正式卸任香港无线电视台 TVB 行政总裁，由 79 岁的妻子方逸华代为管理，而他只做挂名荣誉主席，并在第二年，将 26% 的股份卖给了现任 TVB 董事会

主席陈国强的明星财团。邵氏基金持股比例仅剩 3.64%，方逸华的持股比例仅剩 0.26%，共同持股量不足 4%，TVB 正式易主。

（2）"赛马不相马"的窘境。

张瑞敏最得力的副手张忠谋，能力与信服力看起来是海尔最好的选择，但是其年龄却是硬伤，他比张瑞敏年长 8 岁，78 岁高龄接班人，恐怕才上任就要开始新一轮继承人的选拔。张瑞敏其实意识到了企业传承的危机，十年间不断地培养接班人，却仍旧找不出一个合适人选，结果落下一个"赛马不相马"的称号。

其实，"精神领袖"并没有什么不妥，我们不可否认，创始人的精神特质对于民营企业的发展起决定性的作用，但是这一切是建立在创始人在位的条件下，它会随着创始人离开而消逝。

二、对策：家族传承与体制传承

1. 茅理翔的"三三制"

日本的企业经营者间流传着这样一句话："短期 10 年，中期 30 年，长期 100 年。"这是说，在企业经营者任期的 30 年中，至少要用 10 年时间去寻找和培养一个接班人，并做出三代的规划。

方太集团创始人茅理翔用了将近十年的时间，才顺利将儿子茅忠群推上管理者的位置。他制定了"三三制"战略：带三年，帮三年，看三年。第一个三年，先放研发权；第二个三年，放营销权；第三个三年，逐渐放管理权。

1996 年方太成立，茅理翔用近乎父子二次创业的方式，让继承人做好

准备。从另一个角度上来看，这是突破家族企业的"传承"，成为真正意义上的"交接"。

2. 先从兴趣练兵

苏宁的传承准备算得上是比较成功的，张康阳从宾夕法尼亚大学毕业之后并没有立刻回国，反而进入了投资行业，负责美国企业的上市、融资和投资并购等工作。经过很长时间的历练后，才进入了苏宁总裁办学习。直到2016年年初，25岁的张康阳正式加入苏宁，以国际副总裁的身份接手了苏宁国际部业务员拓展的工作。同年，苏宁入股国际米兰，张康阳入住国米董事会，随后推动收购进程，最终以国米主席身份完成了苏宁体育海外拓展的一项重大战略。

做好顺利接班工作，要求接班人从能力和人格魅力上入手，建立接班后的职能权威；同时还要学习上一代的创业精神和经营理论，了解企业深刻的文化内涵、精神理念。老一辈经营者作为交棒人，从股权布局等各方面进行接班分析，增强接班人企业认同感，从顶层设计层面，建立一套完整的交接班制度。培养兴趣，建立架构，明确职权，防患于未然，从多方面做好交接班工作才能保证企业的基业长青。

3. 体制传承

中国人自古注重血脉传承，尤其是权力与事业的薪火相传，但是随着社会的进步，血脉传承模式正向着体制传承过渡。

中国台湾企业艾美特就是一个很好的例子，至今企业寿命已经有46年，掌舵人史鸿尧很早就悟出家族传承的弊端，只要传承链中有一代人出现了"阿斗"，那么企业就会土崩瓦解。所以，他将艾美特的传承规则变

更为社会化、职业化——将股票留给了家族，管理权归属于企业。

再比如美的集团。1997年，何享健针对公司的管理制度进行了一次大改革[①]，分立了5个事业部，并且形成"三权分立"的经营模式，分别是股东、董事长和经营团队。如果经营业绩不达标，那么团队集体辞职。新管理机制一经推出，就引起了高层中九成人的反对，因为这个制度其实对管理层提出了极高要求，但是何享健拍着桌子表态：反对全部无效。借着这个缘由，召开了一次创业元老座谈会。后来，又陆续劝退了一批无法适应新环境的创业元老，其中甚至包括他的夫人。

"杯酒释兵权"彻底改变了美的的发展轨迹，此后十年，一个新的制度逐渐孵化出来。当元老们让了位置，内部开始崛起一大批职业经理人。何享健开始推出MBO计划，即管理层回购，其实是要给职业经理人以主人翁的待遇。2001年年初，美的管理层收购了股权，自此成为美的真正的主人。2009年8月，何享健宣布辞任董事局主席，接棒人是职业经理人方洪波。20年间，美的规模增长了80多倍，何享健的改革不仅保证了美的庞大体系的高速运转，也避免了传承危机。就像方洪波在采访中说的，"假如他上午离开美的，下午就有个人来接班，企业的运作不会乱"。

当企业经营者既能够当家做主，又能够从认识上不再局限于企业是自己的私有财产，有意识地让企业对社会、国家产生积极的影响，企业的百年传承才具有意义，这样的传承才有可能持久。

[①] 彭剑锋. 何享健的授权学[J]. 洞察，2017-09.

创业危机管理

第九章
创新幻象

第九章 创新幻象

企业家的"创新"≠创意与发明

某位国内知名经济学家曾指出,"企业家是创新者这是一个误区",因为很多年轻人有"创意",企业家只是拿走了年轻人的"创意"而已[1]。这样的观点竟然出自一位经济学家,实在令人惋惜。他把"创新"等同于"创意",变成了人们拍拍脑袋就想出来的"金点子"。与之类似,很多人也将"创新"等同于"发明",于是衡量一个企业是否更具有创新性的时候,就是看谁的专利数量更多,这导致整个社会创新资源的配置效率混乱,科研无法转化,科研与经济变成了"两张皮"。

殊不知,只有成功实现了商业化的发明,才可以被称之为创新,这就是企业家的创新。它不是指新技术,而是指能够造福人类、具有革新性价值的活动。举个例子,发明白炽灯只是提供了一种新技术。只有在建立了发电站和电网,使白炽灯照亮了黑夜,真正带来了革新的价值,实现了造福人类并带来巨大利润之后,才能称之为创新。

熊彼特指出[2],"创新就是生产函数的变动",就是"执行新的组合",是经济生活内部蕴含的质的自发性突破。它并非广义上的"新事物、新概念",而是具有破坏性的革新,对经济发展、生活方式产生广泛影响。

企业家是创新的"灵魂",是创新和经济发展的动力和主体。

---

[1] 厉以宁.互联网时代,熊彼特创新的4个"误区"[J].国企,2017(8).
[2] 约瑟夫·熊彼特.经济发展理论[M].上海:立信会计出版社,2017.

前几年，国内的共享经济、区块链等新领域刀光剑影，大量资本涌入，"英雄豪杰"前赴后继，却多数折戟沉沙。时至今日，当资本市场遇冷，熊彼特的观点仿佛古老的钟声再次敲响，徘徊在行业的清冷残局之上：

"在新企业的产品到达市场之前的一段时间内，必然是以繁荣结束，以萧条开始。当吸收创新的过程结束时，一种新的繁荣会战胜萧条。"

危机十四　合理投资不一定"合理"

在军事战略中，陆地战的传统思想认为，防守者具有优势。防守者往往位于山上，视野清楚，可以观察到敌人的进攻。人们相信商业上的防守者拥有最大的市场份额，他们最了解生产过程和分销手段，所以在市场份额的竞争中拥有优势。但是，防守者也有其固有的劣势。进攻者可以在利基市场隐藏起来，甚至有可能在对手冲锋陷阵之前就将其控制，而防守者还不知道自己已经遭到攻击。竞争者进攻时，往往比刚出现时更强，更机动灵活。

——理查德·福斯特

案例　国产生物心脏瓣膜的"苦尽甘来"

国内有一家做人工生物心脏瓣膜的医疗企业，该企业的产品在2007年问世的时候，由于采用了特殊的技术处理方法，在国内外都算是创新产品，而且比国外类似功能的产品更便宜、更安全。这项有利于患者的产品，在初遇市场的七八年里，虽然获得了心外科医生的认可，却没有获得有关部门的重视，被认为不是"创新"产品，而是"具有未知危险"的技术，几度被打入"冷宫"。当时人工心脏瓣膜领域最强大的竞争对手是一家美国公司，对方以机械瓣膜占领中国主流市场。

直到 2012 年，美国公司意识到了威胁，试图全资收购中国对手，却未果。双方从此正式交锋。直到最近，该中国公司通过长达十年的病人随访证明了其安全性，而且价格比美国产品低廉，其市场认可度、占有率迅速上升，终于获得有关部门的高度重视，纷纷亮出绿灯。

该企业的创始人兼 CEO 坦言，这项技术的研发过程尽管充满艰辛，但是更艰难的是市场化过程——"创新"带来了更加安全、低廉的产品（最初价格不及美国的一半），却不被主流认可。如今，熬过最艰难的时期，此产品的市场也随之发生了改变，此项技术逐渐获得认可，该公司成为业内翘楚。但是，这个过程中能够幸存的概率实在太低。该公司的一系列技术上的突破，只有当它进入市场，对行业产生了变革性的影响，才能成为熊彼特所说的企业家的"创新"。正如生产该产品的中国创业公司，最初并不被有关部门看好，甚至一些国内知名大型医院，因为彼此业务与利益的冲突，也拒绝他们的产品。

一个具有破坏性创新属性的企业，竟然熬了 8 年才给产品打开市场，才走出创业的艰难阶段。这且不说是行业的损失，单纯对于心脏病患者来说，失去了宝贵的 8 年，意味着什么——真正的创新，首先面对的往往不是市场的压力，而是整个行业和社会的认同。

> "创新"在诞生之初,就肩负了一项重要任务——完成对市场的破坏。这些具有破坏性属性的创新,其价值常常会被忽视或低估。对于行业领军企业来说,如果它们失去地位,多半是遭遇了破坏性创新者;但是在它们意识到失去地位之前,往往已经失去了很多机会。

一、危机:"合理投资"只爱延续性创新

美国哈佛商学院教授克里斯坦森,提出关于创新的两种类型[①]:"一是延续性创新,即向市场提供更高品质的东西;二是破坏性创新,即利用技术进步效应,从产业的薄弱环节进入,颠覆市场结构,进而不断升级自身的产品和服务,爬到产业链的顶端"。

"破坏",指的是企业找到一种新路径,它带来的并非"便宜、不够好",也并非就是"没有突破"。因为"突破"强调的是对原有内容进行挖掘创新,"破坏"则是找到一种新的生产函数和模式。就"破坏性创新"来说,它的发生领域有两个:低级市场与新市场。其中,低级市场的破坏性创新,通常是针对商业模式和产品;新市场的破坏性创新,则是在产品的简易性、市场价格方面的创新。

1. 延续性创新埋下隐患

推动产品性能改善的新技术是延续性创新,它本质上属于渐进式发展,为已经具有一定规模的行业领军企业所偏爱。但是研究发现,导致企业失败的决策,恰好是在领先企业被广泛誉为"世界上最好的企业"时做出来的。

比如黄色巨人柯达,1976年时柯达在美国的胶片和相机市场占有率[②]

[①] 克里斯坦森. 创新与困境 [M]. 南京:江苏人民出版社,2001.
[②] 柯达:一个伟大的公司和一个失去方向的行业 [J]. 第一财经周刊,2012.

分别达到 90% 和 85%。管理层认为，如果进一步发展数码相机，有可能威胁到现有胶卷品牌利润，于是他们将相关技术雪藏起来，数码相机品类的诞生被迫推迟。从柯达 200 度金胶卷、柯达 Ektar 100，到柯达 Professional E100VS、柯达 Professional E100G，胶卷不断迭代，结果却等来了尼康——市场上第一批专业数码相机制造者。更具有讽刺意义的是，尼康的部件和数字传感器均来自柯达。待到柯达推出数码相机时，虽然拿下了北美市场第二位的份额，利润率却只有 2%。

延续性创新通常会带来的问题，就是企业很容易过度迷信已有的产品思维和团队，导致对消费者需求做出误判，过度满足消费者。这种现象常常出现在启用延续性创新的行业领军企业当中。它们拥有体量庞大的创新团队，也投入了大量的资金。

比如，在智能手机行业，各大厂商从手机大小及轻重，到占屏比例，摄像头数量，甚至如今的折叠屏大战，如果细心读一下新品发布的用户评论就会发现，多数用户对"屏幕折叠"并不感兴趣，反而是软件系统的智能性更受关注，至于折叠屏手机的高昂价格，更是被消费者认为是"缺少诚意的新品"。

每一项高科技出台，都会被各大品牌运用到极致。无限放大市场的需求，最终会导致失去消费者的青睐。行业领先的大企业在部署行业创新战略时，很少会选择破坏性创新，也很少会意识到，埋葬自己未来的，往往就是当下大热的"延续性创新"。

2. "合理"投资的遗憾

企业在进行投资决策时，所追求的"合理性"常常会成为破坏性创新项目的杀手。因为破坏性创新项目初期关注的市场，往往是竞争力较低的

小众市场或者新兴市场，其盈利项目或产品的功能相对简单，价格便宜且利润率低，而且在短期内该项目的破坏性技术不能被投资方使用。于是，投资评估报告会提示：该项目周期不确定性较强，短期内投入资金的收益率低，云云。看中短期效益的投资建议，往往失去的是可能的划时代的产品。

举一个例子，马云在创立阿里巴巴之时，也曾为投资四处奔走。他找到了柳传志，找到了雷军，之后又找了30家投资方，其结果都是一样的：以失败告终。

这算是一个比较典型的案例，雷军当时任金山的CEO，而金山属于行业中的龙头企业。对于项目的投资，自然有其合理的财务决策。当时，金山正处于保持延续性创新地位的阶段，雷军所关注的是稳定的利润来源，以及相对安全的投资回报；而破坏性创新项目的未来，是无法预知的，也很少有据可查。所以，即使当时雷军等投资者意识到了阿里巴巴的破坏性创新属性，也不会轻易破坏企业"合理投资"的规则。

很多有价值的破坏性创新项目，并不符合大型企业"优质客户"的需求，而是先受到那些并不能带来利润的客户的青睐，所以企业完全有理由不去投资。直到竞争对手带着"破坏性创新"冲上战场高地时，一切为时已晚。

二、对策：根据破坏性创新的原理找到应对方法

破坏性创新对于企业而言，是危机也是机会，尤其是处于延续性创新中的企业。虽然两者间并不存在竞争关系，但是破坏性创新对行业的冲击力是巨大而可怕的。根据克里斯坦森归纳的破坏性创新的原理，可以找到解决企业缺少破坏性创新、陷入只会追求"合理性"危机的方法。

第九章
创新幻象

1. 客户和投资者决定了企业的资源分布

经营者面对的现实情况是,客户和投资者为企业提供了生存所需的资源,想要得到这些资源,企业就必须去迎合他们的需求,提供给他们需要的产品、服务及相关利益。相反,如果满足不了这些需要,企业将走向衰亡。破坏性创新颠覆的,正是这些资源给予者的基本需求。

企业如果不能投资破坏性创新带来的暂时性低利润的产品或经营模式,那么不如重新设立一个独立的小机构,直接应对新兴市场与客户群体,找到破坏性创新诞生的机遇。

2. 等待小市场成长的大企业

一个市值为4000万美元的企业,只需要800美元的收入就能在随后一年实现20%的增长率,但一个市值为40亿美元的企业,就需要获得8亿美元的新增销售收入才能达到20%的增长率。[1] 如果预期新市场不够大,那么它对于大型成功企业来说,就不具有足够的吸引力。这类企业常常采取"等待战略",等新市场足够成熟之时才进入市场。这看上去安全的策略,其实很可能带来糟糕的后果。

对此,成功的方法应该是投资与目标市场规模相匹配的小企业或机构,它们通常会更好地利用新兴市场上的发展机遇。

3. 无法对并不存在的市场进行分析

依据市场规模、增长率等真实数据进行战略性规划,是引导企业进行延续性创新的主因,但是想对破坏性创新市场进行预测几乎是不可能的事情,因为我们无法预知不存在的市场,无法得到有效的量化数据,诸如市

---

[1] 克里斯坦森. 创新与困境 [M]. 南京:江苏人民出版社,2001.

场规模、财务收益率、财务预测等；而如果仍旧沿用延续性创新，使用其战略规划和营销手段，绝对是不明智的行为。

应对这类问题最有效的办法，不如假定既有决策是错误的，然后以全新的视角去了解市场和客户需求。

4. 企业能力的局限性

管理者用人时，会默认选派进入机构的人具备完成这项任务的能力，这种想法是非常危险的。

我们常说，整体大于个体之和，但这只是一种美好的设想。一个企业组织的能力主要表现在两个方面：一方面是诸如劳动力、资源、原材料、信息、现金和技术投入转化为更高价值的产出方法，也就是流程；另一方面体现在机构的价值观层面，这些价值观正是机构管理人员和普通员工在做出优先决策时所遵守的原则。

在现实中，一个企业或机构所具备的能力，往往远低于单一个体的能力。于是，经营者自认为找到了能力卓绝的人才，但人才却没能如预期发挥出他的能力，这时候经营者更应该思考的是，人才的能力是否已经受限于企业。因为，同样的流程和价值观，在某种环境下构成某个企业的能力，但是在另一种环境下则可能造成企业的局限性。

对此，克里斯坦森给出了三种方法[1]：

（1）收购另一家流程和价值观与新任务极为匹配的公司。

---

[1] 克里斯坦森. 创新与困境 [M]. 南京：江苏人民出版社，2001.

（2）试图改变当前机构的流程和价值观。

（3）成立一个独立的机构，在这个机构内针对新问题开发出一套新的流程和价值观。

5.技术供应超出市场需求

许多企业为了保持领先地位，会努力开发具有更大竞争力的产品，但这些企业没有意识到，随着他们竞相参与更高性能、更高利润率市场的竞争，他们追逐高端市场、提高产品性能的速度已经超出了老顾客的实际需求。

对此的应对方法，不是继续在技术竞争的道路上一争高下，而是找到新市场。在这个新市场中，多数产品的性能表现与它的主流客户预期相差甚远。这就意味着，这些产品存在着一个巨大的提升空间，企业如果能最先占领这个市场，将可能成为新市场的领导者。

危机十五　被击溃的创新者

知识创新只可能发生在具有高容忍度的社会，在这里哪怕是怪人提出一些离奇的想法，也不会被认定为"异端"或者"叛教"，不会招致暴力惩罚。

——乔尔·莫克

一、历史：创新者容易遭受惩罚

经济史学家乔尔·莫克在《经济启蒙》一书中把英国工业革命归因于

新兴的启蒙思想,认为正是个人拥有异议的权利才有了后来的经济繁荣。莫克指出,"创新"一词原是贬义词,因为创新者总是对受万人敬重的思想和制度、思想家和统治者表现出极大的不敬。在启蒙运动之后,"创新"一词才变为"褒义词"[①]。

马克思·戈尔登斯在30年前记录过一些有关反对创新的故事[②]。

早在1397年,大头针生产机器诞生不久,科隆的行业协会担心它会引起失业,于是强硬说服了城镇政府,下令禁止使用该机器。

到了16世纪的英格兰,织布机开始为更多人使用,于是行业协会为了保护手工制造业,让议会颁布了限制购买织布机的法律。同一个时代,安东尼·穆勒发明了一种效率更高的编织器械,却被处死刑,仅仅是因为当地市长害怕机器会引起大规模的失业和动荡。1663年,伦敦工人摧毁了新型的机械锯木厂,因为他们认为它威胁了生存。

阿姆斯特丹的政府官员对行业协会的强烈要求做出回应,禁止建造塔磨坊,因为它会取代无效率的旧式磨坊,并且影响几百个接受政府大量补贴的磨坊主。塔磨坊建到了另一个城市,但还是起了作用,无论如何阿姆斯特丹的磨坊主被取代了。

1676年,荷兰禁止使用织袋机,这种机器在英国也受到打击。1710年,英国诺丁汉的骚乱者砸碎了织袜机,并且点燃了装满原材料的仓库。约翰·凯伊是飞梭的发明人,狂怒的暴民因为他的发明而袭击他,随后又烧毁了他的房子。截至1811年,机器粉碎者组成了一个团队,自称为"卢德分子"(为了纪念内德·卢德。多年前,他被分配到车间操作一台机

---

① 威廉·伊斯特利.威权政治[M].北京:中信出版集团,2016.
② 理查德·福斯特.创新:进攻者的优势[M].北京:北京联合出版社,2017.

器,但是他砸烂了那台机器,并因此出名),他们组织起来在全英格兰地区摧毁能节省劳动力的设备。

古今中外,创新无论对于社会、企业还是个人,都有着积极的作用。然而,创新本身具有一定的颠覆性,这使得它在初期面世时极有可能遭遇强大的反对力量。毕竟,不论人们多么渴望因创新而获得利好,但是也都会担忧,因为他人的创新会导致自己的损失。

二、危机:创新者逃离企业

(一)离职率的警示

数据显示,华为研发体系中的博士员工,2012—2018年平均离职率为21.8%,并且入职时间越长,累计的离职率就越高。2014—2018年,入职华为的博士中只有57%留下来。①

令人深思的是,这些离职者并非被狼性文化淘汰的"绵羊",相反,他们在新的岗位上发挥了更大的作用。他们在匿名回访中吐露:"创业发展的氛围比较浓,自己可以尽力发挥作用。""新公司虚头巴脑的事情比较少……。不是基于价值判断,不是看市场到底有没有需求……"

大家都曾经惊叹于华为巨大的专利储备量,钦佩于华为每年投入研发高额资金的魄力,折服于华为推崇的"狼性文化";但是华为的现状,一方面是博士员工离职率居高不下,另一方面是留下的博士员工"精神离职"。一旦有创新思维、创新能力的员工越来越少,企业创新只靠企业的经营者,又如何能够完成创新?②

---

① 钛媒体,2019-02-14。
② 同上。

（二）是谁扼杀了创新

1. 泛化标准化

标准化本身并不会阻碍创新，它的出现是为了让管理者工作顺畅。一套让大部分人都很满意的标准，它的效果可能并不好。一个企业的业务并不是标准化模块可以解决的，核心人员的价值在于创造力，而不是一丝不苟地执行，此时标准化的推行，不仅见不到什么效果，反而可能束缚原本的竞争力。没有人愿意承担责任的"大企业病"，决策层的"计划至上主义"，会把社会和组织逼上穷途末路。

以 Google 为代表的互联网企业，大多是扁平化的网状组织架构，它具有"非框架、非结构、非固定"的特点。比如，腾讯公司内部有数不清的"项目经理"，但是项目要由他们自己找。这就是一个开放包容的新生态组织，各种人才融入其中，整个组织的文化包容度极高。

2. 繁复流程

Steve Blank 指出，有些大公司也设立了自己的创新机制和流程，但是恰恰是那套流程和机制扼杀了创新。比如，他见过一家非常聪明的公司，他们雇了一家全球性的咨询公司，将工程改造从"分心"事项中分离出来。他们完成了设定的目标，但是代价高昂：他们设计的流程和设置的委员会最终把创新给扼杀了。

对于流程的繁复管控，多数是依靠严格的制度、流程管理及纪律约束，但在如今的企业，知识型员工越来越多，不论制度多么完备都会有漏洞，当一个有头脑的人与制度对着干时，再完备的系统都会失效。

还是 Google 的例子，当员工发现有需要解决的难题以及需完成的规划、计划时，就会组织工作小组，负责各种专项工作，这样就会出现"双重领导"与"平行决策"。平行决策带来"扁平化"，"扁平化"带来更高的效率，它减少了管理层级，尤其是中间层。平行决策授权给一线员工，这就让决策链条变短，执行的速度反而更快。

3. 集体主义文化

有研究指出[①]，人的创造性行为只有 25%~40% 是由遗传因素决定的。也就是说，创新的能力 1/3 来自先天因素，2/3 来自后天环境。那么，在强调集体主义、一致性的文化氛围中，即便拥有创新基因，创新能力也很容易在成长中被磨灭。比如，一些国家的人缺乏创新精神，是因为他们的文化是崇尚资历而非能力。"创新"意味着打破常规，"成为第一"意味着欺压别人，这些特质甚至触犯了道德价值观。

在一个缺少创新文化的土壤中，很难诞生有创新能力的人。所幸，随着创业者的增多，如果能够拥有一个庞大的基数，至少从统计学上来说将可能产生相当数量的创新者。

4. 墨守成规

在企业创立初期，创业者们重视的价值观可以用"挑战""创新"和"独特"等词语形容，这时候他们擅长的是打破固定的思维模式。随着公司慢慢发展壮大，当更多的人融入公司内部，尤其是已经有了一些成功经验后，人们会不自觉地融入那些带来所谓成功的规则或"箴言"。

比如一家图书文化公司，坚持认为"图书和艺术品一样，没有好坏、

[①] 杰夫·戴尔，赫尔·葛瑞格兹，克莱顿·克里斯坦森.创新者的基因[M].北京：中信出版社，2013.

优劣之分"，导致员工从不思考产品改良的方向，最终仅一部糟糕的产品就毁掉了他们。不仅中小企业如此，迷信"极简主义才是最好的设计"的苹果公司，曾经因为这个偏执的美学信念赢得大量粉丝，但是谁能猜到未来，繁复的洛可可风格、野兽般的巴洛克风格，会不会卷土重来？毕竟"极简主义"来自百年前杜尚等艺术家对传统的颠覆，未来注定会有创新者诞生，颠覆"极简"。

所以，企业里的"规矩"，常常是某些人成功的经验总结，它的存在具有时代属性。当时代改变，或者某种前提条件不复存在，"规矩"就变成了"桎梏"。如果后来人忘记了它最初诞生的背景，或是为了自身利益，就会拿它去封杀创新。创新者会问："如果规则的前提条件已经改变，为什么还要遵守规则？"

5. 迷信可预见性

我们都渴望能预见未来，所以当一个新想法、新工作流程、新产品放在眼前，人们多数会问："它未来会怎样？"越是清晰可见的数据分析，人们就越会相信它。

2007年，乔布斯发布首款苹果智能手机iPhone时，不少诺基亚高层都在嘲笑苹果iPhone："一款没有键盘的手机能怎么样？"但是，没过多久，诺基亚被微软收购，CEO约玛·奥利拉终于含泪说出那句经典的话："我们没有做错什么，但是不知道为什么，我们输了……"决策层最害怕的就是失败和承担责任，他们相信所有的问题都能通过理论和分析来解决。

日本学者吉村慎吾模拟了一个经典场景[①]：决策层怀着好意，对试着

---

① 吉村慎吾. 日本的创新[M]. 北京：人民邮电出版社，2018.

开发划时代的全新产品或服务的创新者们接连提出他们无法回答的问题："顾客需求如何？""预计销量多少？""开发时间多久？"创新者们要开发的是世界上谁都没有见过的全新产品或者服务，许多信息都是未知的，因此创新者只能回答"不知道"。分析师出身的决策层不会认可这个回答，他们认为："怎么会不知道呢？经过调查分析不就知道了吗？""就算不能得出精确结论，至少要提出一个假设！"话已至此，创新者们只能随便写一个开发计划或工作计划，以此蒙混过关。过了不久，决策层又会指责："怎么没有赶上开发日程？""预算与开发进度根本不一致，到底怎么回事？"

最后，决策层一定会把他们最擅长的理论和分析搬出来，彻底浇灭创新者们创新的热情。

三、对策：找到组织里的创新型人才

企业能够持续创新的重要条件，就是创新型人才在企业内不断出现；然而，创新性人才就像是种子，公司则是土壤，不是每个种子都会发芽长大。一片土地如果养分不够，也可能颗粒无收。对于企业经营者来说，不能要求人才尽善尽美，做好每一件事，而是要允许提出不同意见，甚至允许出现失误，这对于个体发挥创新能力极其重要，毕竟创新的代价，就是要经历大量失败——创新者本人不知道何时能够取得突破，投入的时间成本并不能和成果成正比。

克里斯坦森的研究发现，创新型组织的基因反映的就是创新型个人的基因。创新型个人善于联想，勤于发问、观察、交际和实验。对于经营者来说，它也就成为衡量个人是否具有创新性的一个易用的标准。

（1）联系性思维，是指大脑对所见所闻进行分析、理解、整合等自我

消化的过程。通过这一过程，创新者将看似并不相关的事件与问题，拆分重组联系到一起，从而形成新的思路。这其中可能涉及多个学科与领域，在交错与融合当中，就会产生创新的突破。

（2）提问。创新者热衷于探索，喜欢提出挑战现状的问题。他们喜欢提问，一方面，想借此了解事物的现状，以及背后更深层的本质；另一方面，通过求索激发自己新的见解，建立新的联系，找出新的可能与方向，进而对事物的现状进行改进，或者破坏。

（3）观察。创新者更擅长观察。他们会下意识地去观察身边的事物，留意常人容易忽略的细节，包括企业、产品、服务、客户等。他们兴趣广泛，在不断地捕获细节，获得新的想法，在分析细节的过程，激发新的灵感。

（4）交际。创新者交友广泛，人脉网络四通八达，其中包括不同身份背景、不同观点的各类人群。他们乐于去经营人脉关系，不仅是为了社交，或者是寻求资源整合，而是希望通过和不同的人沟通，得到新的想法和创意。

（5）实验。创新者喜欢尝试新事物，如新想法、新信息、新知识等。在不断的探索中，改变固有的观念，学习新的事物，激发创新的想法。

为了创新不断进行尝试并体验失败的过程不叫失败，而叫学习。只有在失败中不断学习才能不断完善创新项目。创新型公司几乎无一例外地由创新型领导掌舵，一家公司想要创新，至少要确保高管团队具有创新基因。

第九章 创新幻象

危机十六　研发导向偏差

跟数字时代的许多方面一样，创新来自人文与科学的交汇处这种观点也不是这个时代独有的。列奥纳多·达·芬奇就是在人文与科学之间激发创意的典范；而在广义相对论的研究工作出现瓶颈时，爱因斯坦会拿出自己的小提琴演奏莫扎特的乐曲，直到他能重新找到"天体的和谐旋律"为止。

——沃尔特·艾萨克森《创新者》

案例　谷歌实验室 Google X：每个工程师都会做研究

《纽约时报》在2004年曾经刊登一篇文章，关于 Google 与微软两个公司研发团队的比较[①]。

2004年，微软有3万名员工，其创新力却比不上只有2000人的 Google，经过调查发现，两家企业开发模式的效率存在着差距。当时，微软公司专职从事科研的人员约有700人，基本上都是博士研究生。但是，这些研究者的工作属于"森林实验室"，在企业中被束之高阁，与开发严重脱节。

Google 则不同，它的研究和开发为一体，由于没有独立的研究部门，这就让开发人员遇到问题时不可能指望研究团队。当然，Google 也有一个很小的研究部门，这些研究员都在一线参与开发，由此培养了一批不仅会写程序，还会做研究的工程师。

[①] 长歌.你以为 Google X 在搞创新？他们搞的是发明.腾讯科技，2017-10-16.

如今，谷歌实验室 Google X 再次为人们热议，它已经悄无声息地研究出太空电梯和冷聚变。不仅如此，它还曾尝试利用磁悬浮技术开发悬浮滑板，以及从海水中提取价格亲民的燃料，但都以失败告终。

更离奇的是，Google 是世界上唯一一家鼓励甚至要求员工定期研究荒诞想法的公司。Google X 有不少成功项目，包括开发自动驾驶汽车，能够投递包裹的无人机，还设计了用糖尿病人的眼泪测量血糖的隐形眼镜。这些想法听起来很随意，毫无规律可循，但实际上并非如此。Google X 的每个想法都遵循三个条件：

第一，必须解决一个重大的问题；
第二，必须提出一套激进的解决方案；
第三，必须采用一种相对可行的技术。

Google X 的目的不是为了解决谷歌自身遇到的问题，他们已经有成千上万的员工在从事这项任务；它也并非慈善机构。它的终极目的，是创建许多能够改变世界的公司，最好能孕育出下一个谷歌。

一、危机：核心技术缺失：过度注重"应用型"研发

1. 缺少"隐形冠军"，受制于人

德国著名管理学家赫尔曼·西蒙指出[①]，全世界 3000 多家隐形冠军公司，德国拥有 1307 家，数量最多，占据了全球的一半，美国有 366 家，

---

① 赫尔曼·西蒙.隐形冠军：未来全球化的先锋[M].北京：机械工业出版社，2015.

中国有68家，差距显而易见。作为世界制造大国、全球第二大经济体，中国某些领域的产业规模已经进入世界前列。但是，我们的规模大，却不够强大——这些产业的核心技术、关键部件和材料并不在我们手中，而是为某些"隐形冠军"企业所垄断。

"隐形冠军"企业，不是直接面对C端大众的企业，而是指在一个细分市场里，拥有绝对领先的技术产品，甚至成为世界前三名的中小企业，但在大众的知名度并不高。这类企业通常位于产业链上游，由于掌握了行业的核心技术等，所以成为产业幕后的真正控制者。

比如，我国的集成电路产业。近几年，它的发展速度惊人，但背后隐藏着一个痛点，那就是"缺芯"——90%的芯片依赖进口，这就导致对外部企业的依赖性很高。尽管体量够大，但是因为"缺芯"，导致上游一旦断供，我们的产业就会停摆，糟糕的是，不仅电子产业如此，其他产业亦如此。再举个例子，我们的高铁技术令世界惊叹，但是高铁的核心动力系统、控制系统却并非我们自主研发，而是来自西门子、ABB等国外公司。

2. 基础科研备受冷落

2018年诺贝尔奖，仅物理学、化学、生理和医学三项，获得者的专利就超过了100件以上，其中直接引用的衍生专利超过2000件，但是只有激光领域，被北京大学、清华大学、中科院的专利引用过一次。其他引用的企业基本上都是欧美日企业。从企业到科研领域，基础领域都备受冷落，我们的投入远低于欧美日等发达国家。有数据统计，每万人中的科研人员数量，中国是19人，而日本是130人，全球最高。

中国作为农业大国，农林种子行业却严重依赖国外。有研究者指

出[①]，多达 97.5% 的种子企业，不具备研发能力。这些企业投入在研发上的财力，不足销售额的 1%，低于国际公认的"死亡线"。通常来说，跨国公司的研发投入占销售收入的 10% 左右，高的甚至达到 15%~20%。比如，美国的孟山都公司，在 2010 年它的销售收入是 105.02 亿美元，而研发投入达到了 12.05 亿美元；更典型的是先锋公司，研发投入达到了 16.51 亿美元。反观国内企业，因为缺少自主研发能力，所以大部分品种都是出自科研单位。在科研院所这条唯一的窄路上，现实情况却更严酷，用俗话来说，就是"一流的设备、二流的人才、三流的品种"。在种植资源鉴定、改良、创新和分子育种等基础性研究方面，几乎难见成果——对于钟爱"短平快"的企业来说，农业研发有一个巨大难度，就是时间太长（因为要培育数代）。没有基础研究支撑，商业育种难以持续创新。

反而是应用型研发在国内更受欢迎，这是因为它更符合企业追求"短平快"的效益回报。所以，不光是农林种业，目前国内各个领域的科学研究都受到了个人利益与"商业效益"的影响——科研人员个人创新能力的提升依赖发表文章数量，而不是原创技术或实用技术研究。

对于企业来说，一旦贸易战持久，当技术制裁进一步扩大，很多经营者就要面对失去"核心"的困境，此时科研院所不一定能支撑起企业对基础研究的需求，处于中下游的国内企业随时可能翻船。

3. 把科研等同于创新

美国工程院院士、普林斯顿大学讲习教授李凯，在 2015 年就曾指出："国家每年投入的经费达到 20 亿美元，但是在高科技创新方面，尤其是在计算机领域，却找不到一个通过承担 863 项目产生核心知识产权并且占领

---

① 汪孝宗. 中国粮食物种危机：外国种业在垄断 [J]. 中国市场，2012.

国际市场的成功商业案例。"[①]

至今，很多媒体在宣传的时候仍然习惯于把拥有专利数量、发表论文数量等同于创新能力（也许是企业公关的结果）。实际上，"科学研究"和"科学创新"是完全不同的两个概念。无论是企业还是国家，如果混淆了两者，都将面对巨大的损失。

科学研究是一个漫长的过程，需要持久的耐力。任何研发团队，都不可能在两三年的时间里，既产出科研成果，又推出成功的创新产品。因为这两件事情有完全不同的衡量标准：科学研究要发表新知识，而且需要同行去衡量、评价，判断研究是否成功；科学创新面对的是市场，考虑的是满足市场的需求，而且还要保护这个产品或项目的知识产权。在这种双重压力下，不可能实现商业成功。就像Google的X实验室，创新者为了完成自己的产品，会主动去做研究，而不必过多考虑科研系统对自己的评价。

企业经营者如果看不懂这些，相信研发团队宣传的所谓的成功，相信投资方口里的资助项目成功，就免不了要交"学费"，这样的一个恶性循环，最后结果是看不到具有世界性影响力的技术与产品诞生。

二、对策：提高创新管理水平

1. 提前布局基础研究

值得比较的是日本的《科技基本法》，这是鼓励创新的政策，它硬性要求每年拿出GDP的3.28%投入到科学研究领域，而且其中55%的

[①] 原春琳.创新：政府不应该扮演风投的角色——专访美国工程院院士[J].中国青年报，2015-01.

经费又必须投入到基础研究领域，这是自上而下的政策。为了推动经济高速发展，科学研究偏向于应用型研究，虽然可以快速地获得财富积累，但是这两年在基础领域蕴藏着危机，在未来应加大对基础研究的推动。

所以，企业的研发导向，不应该再追逐市场的浮华，而是对未来做出理性预期，提前调整研发导向，布局基础领域创新。

2. 鼓励意外与"荒诞"

Google 的"秘密军团"，强调的是意料之外的产物。想想看，从互联网技术大爆发至今，哪一个颠覆传统行业的产品是在我们的意料之中？越是具有冲击性、越是看似荒诞的想法，一旦实现，才越有可能击败它这样的巨型公司。一般企业的人才，是为了项目的执行而引进的，而 Google 是"我不存在项目，我就要人才，我先要有创新力的人进来，你自己去想你要什么，然后你们自己去发散创造"。

对于企业来说，要做到这一点，首先是改变观念，其次是必须建立一套鼓励创新的准则和价值观，包容那些很难见到短期收益的，甚至可能是随意的、发散的、不可理喻的研究。

3. 合理分配财富，不要让老实人吃亏

"隐形冠军"企业通常是在一个领域扎根，深耕细作几十年，把一个材料或部件做到极致。比如，日本 KEK 的国际直线对撞机部，野口修一博士是日本超导加速器的领军人物，ILC 加速器原件部的第一负责人，已经 60 多岁的他每天都要到实验室，参与拧螺丝这样的工作。

企业不一定非要成为"隐形冠军",如果能先拥有一定的领先技术或产品,就能先声夺人。但是做到这一点,需要创新型人才。创新人才越来越为社会所重视,竞争对手也一样,留住创新人才是每个企业经营者的目标;而要留住人才,就需要有合理的财富分配体制,如此才能让有技术实力的人才沉下心去研究关键技术。

4. 科研与创新分离

关于"科研"与"创新",3M 公司的杰弗里·尼科尔森博士曾经给出明确的定义:"科研是将金钱转换为知识的过程,创新是将知识转换为金钱的过程。"按照李凯教授的说法,如果想"把金钱转化成金钱,就去华尔街,不需考虑科研"[1]。毕竟,科研与创新有着完全不同的衡量标准。关于科研的衡量标准,有一整套庞大的复杂的计算指标,甚至有诺贝尔奖作为最高背书。反而是创新,世界上没有关于创新的"诺贝尔奖"。

目前,世界公认的关于"创新"的衡量标准有三个:第一,是否产生颠覆性技术;第二,是否在某个领域的国际市场上占据领头羊地位;第三,是否通过核心知识产权创造出很高的毛利。[2] 毫无疑问,科学研究是技术创新的基础,但是不能按照"创新"的标准来要求科学研究,尤其是基础研究。同样地,当拥有了一份科研成果,让它落地面对市场时,也不能抱持科研的标准不放,某项研究发表了多少篇文章,拿了多少奖,获得政府多少经费,这些并不会打动市场,市场始终是消费者的市场。

---

[1] 原春琳. 创新:政府不应该扮演风投的角色——专访美国工程院院士[J]. 中国青年报,2015-01.

[2] 同上.

延伸阅读　技术管理的四个阶段[①]

技术管理可以分为四个阶段：

第一阶段，将研发部门当作重点培养对象，给予资源和帮助，却没有明确的定位方向与指示。研发人员与营销、生产部门严重脱节，很难了解到前沿销售端的需求。技术人员的研发只是闭门造车。

第二阶段，企业重视营销与技术的结合，开始动用大量的技术，收集消费者的真实需求，并将数据交给研发部门，开发出消费者想要的新产品。这一阶段的技术研发已经具有一定的营销理念。

一些公司热切地寻找消费需求，但却忘记了用唯一的能够保护竞争力的方法——技术满足这些需求，他们无法保护自己的新产品免受竞争性模仿的冲击，所以无法赚取利润。如果将这些问题归于技术，只会让公司陷入困境。

随着经营理念从技术驱动转为市场驱动，CEO和研发部门之间的关系必然变弱，技术预算成为常规预算的一部分，甚至成为营销预算的一部分。研发领导在组织链中的地位下降，所以在很多情况下，研发领导不在场，营销人员就自行决定了一些重大的事情，并不是因为这些人是权谋政治家，而是因为销售人员通常都是在市场的第一线，此时研发人员正在远离公司总部的实验室中。

[①] 理查德·福斯特.创新进攻者的优势[M].北京：北京联合出版社，2017.

第三阶段，我们清晰地意识到，技术是获取并保持企业核心竞争优势的必要手段，也是最实在有效的方式。

技术经理又一次成为销售人员中不可缺少的一分子，帮助销售人员根据整个公司增加的需求来确定、管理并控制研发预算。企业战略性地管理技术。企业更关注用具有保护性的新方法满足消费者的需求，但仍不能解决全部的问题，领袖级公司仍然会失败，它们被拥有高技术的、高成本效益产品的公司所取代。在技术连续变化或者发展的时期，管理技术的战略方法会起作用。

第四阶段，逐渐走向成熟的断层管理。

研发部门的指标越来越清晰了，明确的绩效制度，部门的投入和产出比，等等，与市场、产品和服务进一步融合。所有的研究工作都要以产品为导向。在这一阶段，组织和管理的方式将会对企业文化以及职员产生较大的影响。

危机十七　在极限上挣扎

为什么在很多时候只有 1/3 的企业盈利高于筹资成本？为什么大多数企业在 20 年中只有一年能达到汤姆·彼得斯和罗伯特·沃特曼所定义的卓越的财务业绩，而且到达后通常迅速滑落到一般水平？为什么优秀的企业只能保持三到四年突出的优势[1]

——理查德·福斯特

---

[1]　理查德·福斯特.创新进攻者的优势[M].北京：北京联合出版社，2017.

案例　　两种极限的纠葛

判断性能是否有价值，需要看两个角度：一个是它对消费者来说应该是有价值的，另一个是它对于企业里技术人员和工程师来说有意义。这就出现了两种极限：消费者极限与技术极限。两者并非总是保持一致的，甚至很多时候相差甚远，如果企业不能看到这一点，往往会做出事倍功半的错误决策。

1. 手机屏幕技术极限屡屡攻破

21世纪，我们的生活发生了巨变，智能手机就像我们的影子，侵入到生活的每一个角落。单看智能手机的屏幕，就会发现这种惊人的变化。2016年，三星推出曲面屏；2017年，苹果推出刘海屏；到2018年，全面屏席卷全球。全面屏百花斗艳：vivo手机推出91.24%屏占比，华为为91.8%，三星为100%。

尤其这两年，手机屏幕每年一个新技术主题，相对应地却是智能手机出货量在全球下滑。市场研究公司Counterpoint 2019年2月发布的报告显示，出货量从2017年的15.588亿部，下降到2018年的14.983亿部，降幅为4%。2018年第四季度，全球智能手机出货量环比下降了7%，出货量连续五个季度下降。

尽管智能手机市场饱和，企业对技术更新、产品迭代却依然热情不减。

2019年，柔性屏高调登场，三星推出折叠屏手机后，华为等国内厂商争相亮相，争相搭上拥有高额利润空间的"折叠屏班车"。可以想见的是，更薄机身、更久续航、更方便携带、更大伸缩性等性能，一定会获得新的突破。就手机硬件而言的技术赛跑，还远未达到极限，但是就消费者而言，却已经出现疲态，很多消费者表示自己对于柔性屏并不感兴趣，宁可厂家在软件上多下点功夫。某位投资合伙人更是直言："折叠屏手机是典型的好看无用产品，尽管柔性屏用于手机是重大创新，但是看不到打动消费者的应用需求。"

显然，消费者对技术极限突破并不买账。

2. 消费者极限决定硬盘行业命运

1952年，IBM生产了世界上第一个硬盘RAMAC，它足有冰箱那么大，包含了50个24英寸的磁盘，却只能存储5MB的信息。随后十几年，一个独立的硬盘产业诞生了，而且技术性能大大改善：硬盘工程师能在1平方英寸的磁盘表面写入的信息量，以平均每年35%的速度递增。尺寸从14英寸缩小到8英寸、5.25英寸、3.5英寸、2.5英寸、1.8英寸。

我们会发现，机械硬盘公司一直在试图满足消费者的需求，他们不断增加容量、减小尺寸，直到闪存和固态硬盘出现。努力越大，收益率越低。到了2017年，全球最大的硬盘制造商希捷，突然宣布关停苏州工厂并裁员。全球第二大硬盘厂商西部数据显示，业绩也呈现亏损，开始寻求注资。

一项技术诞生后，总是会不断地出现新的升级版本，每一次都修补了上一版的漏洞，增加了新的更友好的功能，在不断地完成延续性创新之时，终于成为主流。这是大部分产品面向市场时的必经之路，而当这些产品和技术的拥有者成为业内的巨无霸企业时，技术突破带来的利润却越来越低。

> 硬盘市场经历的变革说明已经到达消费者的体验极限，这比技术极限更危险。此时，企业自豪于不断加大投入的研发，却没意识到，这很可能是在给将在某一天到来的竞争者培育市场。一旦破坏性创新降临，整个行业都可能因此被彻底颠覆。

一、危机：在创新极限上挣扎

当年是诺基亚的工程师发明了智能手机雏形，但是经营者面对一年几十亿美元的市场，对于一个不知道未来前景的产品，自然而然地认为："谁会把自己干掉呢？"很快，苹果占领市场，问题就有了答案。

进入21世纪后，很多当年的巨头企业纷纷衰落。这些企业并非不努力或缺少创新意识，相反，它们是最为推崇创新管理的企业。但是，它们中却鲜有能够持续走强者，对此国外学者进行研究，提出了创新的S曲线规律。对于经营者来说，不应该任由团队自恋与膨胀，而是要根据S曲线进行更理性的预估，判断其创新行为能否获得预期收获。创新S曲线，如图9-1所示。

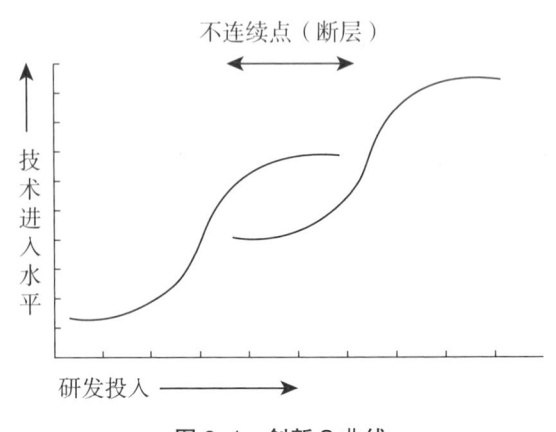

图9-1 创新S曲线

第九章 创新幻象

S曲线[①]是由无数个连续的点组成，而每个点都可以看作是一次创新改进。将所有的点集合在一起，得到的就是新产品开发过程的轨迹，表示投入和绩效的关系。从这条曲线上，我们可以看到技术进步的孕育、爆发和成熟过程。

1. 接近极限时收益递减

我们有必要了解S曲线的两个重要特征：学习和收益递减。学习，表示的是S曲线的前端，即当我们把资金投入到研发一种新产品或者新流程，其进展通常非常缓慢。S曲线的中段，斜率增加，即是说当关键的知识摸索出来时，团队会从困境中走出来，投入与产出比大大提高。到了S曲线的后段，当进一步把资金投入到研发这种产品或流程时，技术进步将越来越困难，并且代价高昂，这就是收益递减阶段。

最为明显的是消费电子产品，第一代产品诞生后，每一代新产品的诞生间隔会逐渐缩短，但是价格递增却逐渐放缓甚至会出现价格下降。直到出现一项新技术颠覆以前的产品，重新在消费者心中建立起一套价格系统，轮回又重新开始。

2. 技术断层是把双刃剑

如上所说，新的技术就会有新的S曲线，它将不再以旧的S曲线的知识为基础，而是以全新的知识为基础。在新旧S曲线形成之间，有一个突变过程，就是技术断层期。

比如说苹果公司2019年发布的战略规划，主要研发对象由iPhone、MacBook、iPad等常规业务转向AI领域，就是典型的技术断层。近几年

[①] 理查德·福斯特. 创新进攻者的优势 [M]. 北京：北京联合出版社，2017.

苹果公司的创新力减弱，正是由于其 iPhone 的创新 S 曲线接近极限的临界点。

技术断层期是创新力的新希望，但对处于防御位置的企业经营者而言，却也是十分凶险的。未知的竞争者将会带着新的 S 曲线以破坏性创新的身份颠覆传统行业；而拥有旧 S 曲线的大企业里被良好绩效长期蒙蔽的管理者，他们兢兢业业地看家守业，却不知道已经兵临城下。

二、对策

1. 转移 S 曲线，提升效能

S 曲线每一点上的斜率就是企业的效率。企业长远发展追求的是效能，即在实现有资源使用的情况下，保持战略上的效率。遗憾的是，由于 S 曲线的特性，我们会发现，效率与企业的效能将在 S 曲线的后端脱离，效能难以再保持效率。如果要提高效率，唯一的方法是重新开启一条 S 曲线，虽然最初可能会增加投入，但是当新技术曲线走过前期的缓慢进展之后，就会给企业带来效率增长。

但是，成熟企业的领导者很难有动力去支持一条新 S 曲线的诞生。因为它意味着领导者必须从过时的业务里撤回资源，而这些所谓过时的业务，常常是当初他们成功的基础，这将会触碰到公司资源、管理层利益。

所以，企业要做的是针对两条 S 曲线之间的断层阶段进行管理。在原有 S 曲线到达斜率下降期之前，就筹备展开一条新的 S 曲线，要让新的 S 曲线带来增量市场，而不是在旧的 S 曲线上挣扎。

2. 找到极限主义者

不是所有人都能看到"极限"。通常，当一种技术无限接近极限时，技术进步的空间仍然存在，但是已经很小。此时，看不到极限的人，会认为仍然有巨大空间，不论是心理惯性或是利益使然，他们会继续追求极限，但是成本耗费巨大。能看到极限的人，会适时停下来，思考企业的效益。反之，如果一件事情距离极限还很远，那么能看到极限的人，会坚持走下去，尽管在周围人看来并无意义。

能看到"极限"的人总是少数，他们的话也并不一定会被奉为真理。但是，我们要找到这样的人，当团队还在努力前进的时候，需要他们站出来，告诉大家"还不如换一种替代方法"，或者直接泼冷水"这样效率太低，不值得"。他们不一定能成为管理者，因为他们的观点在旁人看来"冷酷"或"不合时宜"；但是作为经营者来说，发现他们，让他们给出"极限"判断，这将给企业带来无限价值。

3. 创造突破极限的环境

计算极限是一项非常重要的工作，而完成这项任务具有很高的难度。大部分人都知道自己知道什么，却不知道自己不知道什么。这听上去有些拗口，实际上知道极限所在的人，应该对于自己不知道什么非常敏感，并敢于去排除各种可能性，在严密的逻辑判断与实验尝试中，找到突破极限的方法。

微信的创始人张小龙就是这样一个突破者。据说当时他做的是 QQ 邮箱项目，那时候 QQ 邮箱已经做到国内第一名，被普遍认为没有什么好突破的了。于是，张小龙带团队做了一个"阅读空间"，结果反而激发了他

研发一个方便交流的工具的想法，他将这种想法告诉马化腾，十个人经过两个月，微信最初的版本诞生了。

再如100多年前，飞机诞生之前怀特兄弟面对的是，大众普遍相信"乘坐比空气重的机器飞行，即使不是完全不可能的，也是不可行的，没有意义的"。结果怀特兄弟成功发明了"雏鹰号"，大多数人依然以为他们是运气加努力，殊不知我们与之相差的不仅是运气和努力，还有看到"极限"的能力。

企业要想突破极限，就要先找到能看到极限的人，然后给他们一个足够包容的环境。因为这些人通常都与众不同，他们属于少数人，不会固守传统思维模式，喜欢接触更多不同领域的新知识。他们也许是其他领域的专家，但无论来自哪个领域，他们都有一个非常重要的特点，就是他们乐于去寻找新的方法，不会受到资源减少的限制，能够用更少的资源、更简单的办法去解决问题。

有一个经典问题：为什么中国出不了乔布斯？这不仅取决于我们的营商环境、文化环境，也取决于我们的企业领导者是否具有创新管理能力，是否能发现极限主义者，并赋予他们资源与权力，协助他们突破极限。当然，也许突破极限者就是企业家本人。

如今，"破坏性创新"的重要性已经获得越来越多的关注，但是它并不是企业创新的终点。毕竟，依靠创新起家的企业，在维护因为创新获得的企业地位时，行为就变成了延续性创新。

所以，对于经营者来说，了解技术断层、管理"破坏性创新"，才是企业创新之路上的重头戏。

第九章
创新幻象

在信息过剩、竞争激烈的今天，企业不仅要时刻警惕竞争对手，聚焦于战略定位，而且也应该把"创新"提升到"战略"的高度。我们的邻国日本，因为提出了稳健的创新战略，从而几十年间获得多项诺贝尔奖。对于企业来说也是同样的道理，比竞争对手更早地提出自己的"创新战略"，不仅将揽获更多的创新型人才，而且将使企业成为推动行业成长的创新者。

附 录

孵化器、加速器等创业生态建设案例研究
——以渡业生态科技创新中心为例

中小微孵化器、加速器从诞生到成为热门产品，在我国科技成果转化、科技创新方面发挥了积极的作用，成为助推社会经济发展的重要力量。响应"大众创业、万众创新"号召，一时间孵化器、加速器在全国各地得以快速发展，各级行政单位加大支持力度，对创业、创新的认可度不断提升。渡业生态科技创新中心成为一个特别的存在，在没有国家政策扶持的状态下，依靠市场逻辑运营、专业领域集合的特点，在生态环保领域做出了颠覆式创新、组合式进化的突破尝试，初步建立了一个以市场经济为引领的企业孵化器、加速器样本。深入研究总结渡业生态科技创新中心的经验，对促进我国企业孵化器和加速器良性发展具有借鉴意义。

一、渡业生态科技创新中心的定位与立足点

渡业生态科技创新中心（以下简称渡业），2016年年中开始运营，至今进驻企业49家，由渡业直接孵化的生态环境领域的企业21家，股权投资企业16家。孵化器自我定位为北京市丰台区环境生态科技研发创新示范基地，聚集高端人才，服务于创业精英，创新生态环境综合解决方案。

近年来，我国提出生态文明建设，对地方生态环境提出了更高要求，在生态环保、市政工程领域，出现了数量庞大的工程类企业。在为各地提供生态和市场公用工程基础建设服务的时候，面对复杂的生态环境污染和高质量建设的需求，创新服务和科技产品整合有限，催生了大批中小微创新创业企业，这些企业在科技研发和创新服务方面有诸多不足。

渡业抓住时代机遇，回应市场需求，对市场反应快速、创新创业目标明确的企业进行组织与整合。主动集合生态环保、市政工程领域未来可应用的科技产品，帮助拥有核心技术产品的中小微企业快速成长，为其提供能够加速孵化的公平竞争条件，获得了大量生态环境和市政工程领域中小微企业的青睐。

1. 渡业生态科技创新中心定位

基于大量中小微生态科技企业以及行业精英人才的孵化和加速需求，渡业以生态产业科技孵化器为自身定位，以市场为导向，不对入驻企业和个人进行具体限制，孵化与加速功能并举，创造了一个崭新的生态科技孵化、加速的整合空间，为企业发展提供服务。引领所有入驻企业和个人形成在孵化器中实现行业合作的模式，积极进入市场，培育生态产业领域的未来百亿市值企业。

2. 立足生态产业，更懂企业需求

渡业创始团队的成员以市政工程、生态环保工程领域多年从业精英为主，立足生态产业，招募企业涵盖了人类社会与自然协调发展的生态环境的方方面面。一方面，在生态产业领域，还没有出现孵化企业，互联网产业在新兴产业掀起了孵化热潮；另一方面，应对波澜壮阔的生态文明建设

市场需求，各类中小微企业缺乏完整的平台。在面对生态产业领域众多大型工程类企业，渡业采取产业链整合、业务链整合、供应链整合的方式，进入到生态产业的商业竞争博弈中。

对于创业企业而言，信息流、资金流是初期生存的重要因素，渡业提供给中小微企业的是一条增值链，从企业的需求侧出发，解决创业企业最为关注的问题，保障企业发展的市场潜力和良好的风险控制，帮助企业快速成长。

渡业既是生态产业领域的科技创新中心，又是一个完全市场化发展的产业链孵化平台，还是一个为中小微企业提供组合式解决方案的实体产业联盟，研究其运营模式及生态位理论对创新创业企业具有启迪意义。

二、渡业生态科技创新孵化中心运营模式

（一）生态矩阵

渡业生态科技创新孵化中心组建了两大生态矩阵：一是生态产业链矩阵，二是孵化服务矩阵。

1. 生态产业链矩阵

主要围绕生态产业，根据产业分工不同，对水资源领域、市政建设领域、土地修复领域、固废再生领域和乡村振兴领域进行布局，各领域互为补充，也有部分交叉，形成了针对市场需求而紧密结合的生态产业集。

2. 孵化服务矩阵

根据企业发展需要，形成从渡业大厦的空间硬件到法务、财务、市场、品牌、实验应用、人力资源和投资等方面的孵化服务集。

3. 两大矩阵核心龙头引领

生态产业链矩阵龙头企业为海绵城市投资有限公司（以下简称海绵城市公司），是渡业孵化的一家以共享方式成立的企业。该企业主要作为渡业平台的对外形象，将渡业各个领域内的企业产品进行打包，组合成为先进、优质的解决方案，以承接大型生态工程类项目的形式，对各企业的高新技术进行应用，与拥有优质技术解决方案的企业形成联合体，在市场竞争中形成更具优势的品牌形象，在在孵企业产品中进行推广和应用，培育在孵企业进一步成长。海绵城市公司带动渡业内生态环保类企业发展，它们共同开拓生态产业市场，围绕生态环境的全产业链需求，提供拥有核心科技产品的优质企业整合服务，在国内形成了一个集高新科技、高品质施工、高水准运营为一体的生态垂直领域商业联合体。

孵化服务矩阵龙头企业为北京渡业投资有限公司，该公司是平台化的投资企业，也是渡业的核心服务支撑企业。在投资方面，该公司涵盖了物业、法务、财务、人力资源等服务类企业，为渡业在孵企业提供全面的服务，还对生态产业的优质企业和入驻企业进行投资。区别于其他孵化器、加速器，该公司从人性化、专业化、市场化、个性化的综合需求出发，根据行业特点，专门为在孵企业提供一站式服务。其具体服务内容是开放的，除共享空间外，在孵企业根据需要可对渡业的服务进行选择，从而形成了该公司收入的多样化，同时减免入驻企业的服务费用。保障在孵企业具有良好的运营环境，推动在孵企业快速成长，获取最大化的投资收益。

（二）生态产业链矩阵的特点

1. 火车头拉动科技创新阵列

海绵城市公司作为渡业内的火车头企业，以共享共赢的理念，挖掘所有企业的生态产业领域资源，拉动渡业整体协同发展。以"连接胜于拥有"的理念，搭建了一个高效协同创新平台，改变过去占有模式，以开放的态度，共同成就事业、共建生态文明。用"创新之父"熊彼特的"组合式进化"理论构建新的价值网，提升生态产业动能。依托连接、赋能、跨界的共享商业路径，与各股东、各成员企业和合作企业共同创建一个生态产业综合服务商。龙头企业的作用包括以下几个方面：

（1）品牌营销作用。海绵城市公司的优势在于品牌营销，它依托品牌价值和市场拓展能力在全国范围内获取优质项目，在渡业中起到火车头的作用。应用创新的综合解决方案，实现各领域的业务拓展，在优质企业投资和业务服务层面获得收益。以强大的企业品牌实力搭建了一个全产业链协同创新的环境友好型互惠平台。

（2）发挥规模效益。生态行业的服务客户为各地政府机关，在选择供应商时，企业的规模会作为考量的重点。在一些大型项目的沟通上，大多数中小微企业都无法成为客户值得信任的供应商。海绵城市公司作为各中小微企业在市场竞争中的规模支撑，保障中小微企业对各类项目都具有优势的竞争条件，避免存在规模劣势。

（3）业绩保障。渡业入驻的中小微企业，在业绩方面大多以单一领域或百万级项目为主，而面对千万级甚至亿级以上的大型项目，在业绩表现上则完全处于劣势。海绵城市公司的业绩服务，满足各类项目的基本招投

标需求。

（4）财务报表支持。在生态产业领域的招投标项目中，财务要求门槛较高，拥有优质科技产品的中小微企业很难通过招投标的资格预审环节。作为火车头企业的海绵城市公司，拥有扎实的财务基础，在竞争中更具优势。

（5）银行授信优势。海绵城市公司是AAA级信用企业，可以在项目资金周转方面获得优质的授信条件，这是所有中小微企业难以获取的资金优势。在项目执行时，海绵城市公司的参与可以省去很多资金上的麻烦，大大节约了资金周转的时间和成本。

（6）资质保障。海绵城市公司拥有全面的资质，保证入驻企业获取项目信息后，能够通过联合体的方式参与到大型项目的合作中，避免造成项目的流失，有效扩宽了业务面，从而实现多方获益。

（7）推广部门支持。对于入驻的初创中小微企业，一些推广部门没有足够的人力资源成本和广告营销成本。海绵城市公司设立了专业的品牌推广部门，集合各企业的推广需求，提供免费的企业包装服务，节省入驻企业的创业成本。在广告投放和对外展示时，使初创中小微企业能够拥有与大企业同样的形象设计和推广能力。

（8）市场拓展执行。海绵城市公司拥有强大的市场拓展团队。在入驻企业获取项目信息的初期，和意向客户沟通时，海绵城市公司的市场团队可以从招投标到项目谈判，最后到交易完成，提供最为完整的市场拓展协助工作，保证入驻企业最终获取项目。在初期介入时，海绵城市公司即可通过市场团队调动公司各部门资源，对项目获取进行支持。海绵城市公司生态产业链矩阵，如图1所示。

図1　海绵城市公司生态产业链矩阵

2. 基于渡业的生态产业微笑曲线

1992年，宏碁集团创办人施振荣先生为了"再造宏碁"提出了"微笑曲线"（SmilingCurve）理论，并将其作为宏碁的策略方向。微笑曲线有两个要点：第一个是可以找出附加价值在哪里，第二个是关于竞争的形态。

渡业所处的生态产业领域，传统企业成熟化，市场竞争激烈，只重视工程施工，因我国在生态产业的基础公共服务建设上一直以来投入较大，导致渡业的产业微笑曲线拥有自己的特点。

渡业内各企业的收入，主要为承接地方政府机构委托的生态环境治理、基础公共服务设施建设项目，所以生态产业微笑曲线具有自己的特色：拥有施工资质的企业，工程施工生产是高附加值领域，位于曲线的中间；获取业务的品牌营销，也是高附加值领域，位于曲线的右端；高新科技企业在未来能实现量产的大多数产品,虽然还处在克服知识产权和社会各界认证的阶段,但仍是高附加值领域,位于曲线的左端。渡业的生态产业微笑曲线,如图2所示。

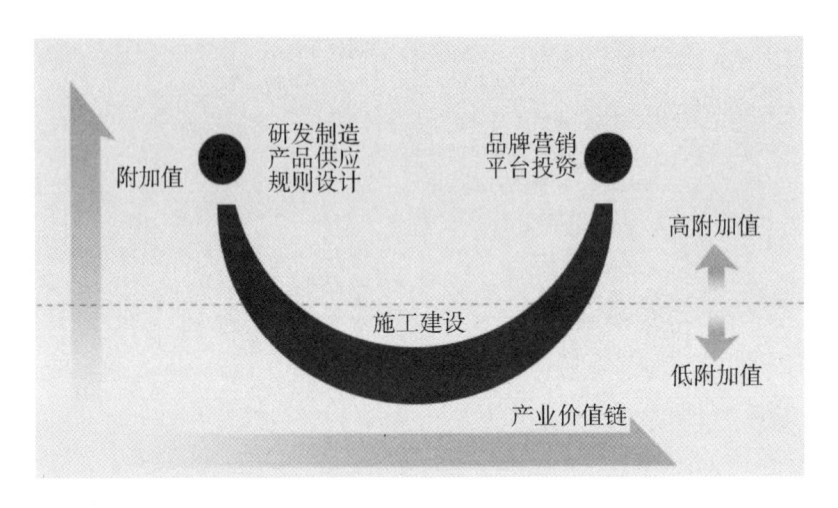

图2 渡业的生态产业微笑曲线

渡业广泛寻找拥有生态领域高新科技的中小企业,帮助它们突破经营瓶颈,重新认知生态产业微笑曲线。利用海绵城市公司的火车头效应,带领它们开展对外合作,应用和提升品牌营销,在高附加值领域获得增长。又以投资形式,协助它们克服创新研发的重重困难,将目前处于低附加值领域的内容持续做强。

(三)孵化服务矩阵的特点

1. 孵化服务专注下的个性化满足

(1)市场拓展服务。生态产业领域的大多数企业服务于各地方行政机关。在孵企业均为中小微企业,竞争对手均为大型工程类国有企业或资本市场知名的百亿民营企业,论资本实力、品牌实力和服务能力均无法与之

相比，所以渡业与12家有生态科技认知的工程类企业共同投资了海绵城市公司，来引导在孵企业获取业务。在孵企业未入驻渡业时，获取项目渠道狭窄，仅凭公司领导层面拓展业务。入驻渡业后，海绵城市公司拥有优质的资质资源、市场资源和人力资源，一方面将整包的项目分包于擅长单一领域的在孵企业，同时采购在孵企业的高新科技产品进行应用，另一方面协助在孵企业获取目标项目，保障在孵企业稳定渡过创业阶段。

（2）品牌展示服务。生态产业领域的客户是各地方行政机关，在采购前往往会对企业、产品进行实地考察，而考察的重点也不再是就单一企业、单一产品进行考察。到达渡业，就可以了解到当前生态产业各个领域诸多高新科技和最新的行业解决方案，更高效地实现多企业、多产品的传播。另外，在渡业的生态科技展厅，对在孵企业品牌形象、科技产品和成功案例进行展示，可以大大节约在孵企业独立营销成本，更好地宣传在孵企业。

（3）实验室服务。在生态产业领域的科技产品应用研发过程中，诸多发明专利与技术需要借助实验和检测机构实现数据积累，为保障各在孵企业的研发工作，渡业建立了第三方实验与检测机构——水环境实验室和硅瑞测试机构。

两大实验室为渡业内在孵企业提供优质的生态环境高新科技的实验服务，解决了大部分企业在经营和研发中遇到的实验和检测难题。

（4）实验基地服务。生态产业中的高新科技产品，要经过多年培育和实验才能够应用于市场，尤其是生态环境高新科技产品，需要大量的实地应用案例和不同环境的应用数据统计。目前国家设置的标准对高新科技产品的要求极高，高新科技产品缺乏足够的实验应用以及不同环境测试，所以大多数在孵企业产品缺少成熟应用案例。渡业以合作和投资的形式，在全国开辟了五处实验基地，为在孵企业提供产品应用案例服务。

2."同渡"的文化理念

志同而道合，平台的聚合能力不仅来自互惠互利，实现效益最大化，还需要文化基础。渡业创立之初，就将文化理念确立为"同渡事业"，后逐渐凝练为"同渡事业，同修人生"，站在创业者的角度，与在孵企业形成同样的文化识别。

渡业的文化塑造，描绘了渡业生态科技孵化中心的愿景，向在孵企业传达统一的文化理念，增加各企业之间的凝聚力，也汇聚了一群有共同认知的创业者。

3.资源整合与互动

（1）区域合作整合服务。2018年5月，渡业投资孵化器邀请美中清洁技术中心及20多位美国企业家参加天津武清国际能源环境合作交流会。此次会议旨在搭建国际化平台，连接中美两国清洁技术领域以及优质技术、人才、企业及金融资源，促进产业更新与科技创新，引领社会各界共谋经济发展，共同建设和维护美丽生态环境。

（2）行业资源整合服务。渡业投资的公司拥有行业的重要资源，或社会资源，或技术资源，或人力资源，等等，渡业加以整合利用。

4.一站式企业管家保障

（1）财务法务资源整合服务。

第一，法律咨询服务。引进律师事务所、会计师事务所等配套服务和中介咨询服务机构，为企业提供各项法律综合服务。

第二，生态产业相关咨询服务。公司拥有一支生态领域权威咨询专家组成的智囊团，为企业提供生态环境治理方案编制等技术咨询服务，为企业提供产业政策、环境污染治理技术等环境影响技术咨询服务。

第三，投融资咨询服务。为企业的投资、融资等交流活动提供中介或者直接服务。

（2）行业沙龙及培训服务。

定期举办或参展各类行业峰会、创业论坛、路演沙龙，并且组织在孵企业团队参展全国性活动，提高企业影响力和知名度。

（3）企业日常经营服务。

第一，投融资服务。对接银行及投融资服务机构，为入驻中小微企业开展贷款、信用担保、融资咨询、会计代理等服务。

第二，服务费减免优惠。对中小微企业实施1~3年给予一定面积的房屋租金减免优惠政策，减轻企业发展中的成本压力。

第三，企业培训服务。通过讲座、沙龙、路演、研讨交流等多种形式开展企业管理、项目申报、文化建设、人力资源管理等培训，提高入驻中小微企业创业能力，帮助其引进、培训各类人才。

第四，创业场地服务。为入驻中小微企业提供办公、生产、技术研发场地以及公共服务设施（公共会议室、报告厅等），提供房屋、仓储、车辆等服务。

（四）入驻企业能够获得的收益

1. 人才共享

渡业内各入驻企业与海绵城市公司形成一个生态产业平台综合体，内部企业人才资源可以互通共享，在重点问题上可以直接对话多年从业专家和行业精英，还能够在项目执行过程中互相帮助，在项目的产业链全生命周期的每一个阶段都能够匹配专业的人才协同。渡业内不定期举办不同专业的技术培训，外聘专家的公开课，等等，为入驻的中小企业在人才方面提供便利。除生态产业行业人才外，渡业内还有财务、法务、企业管理咨询、投资管理咨询等领域的专业人才共享。

2. 品牌共建

入驻渡业的中小微企业，独立的品牌建设需要投入大量的人力、物力和财力。渡业推出了品牌共建服务：一方面有专业的人才免费提供品牌建设内容，如产品和技术的商业拍摄、产品的综合介绍文案及宣传物料设计等；另一方面，建设科技展厅，提供各家企业的核心竞争力展示空间。

3. 社群互动

（1）社群心理影响。渡业形成了一个独特的生态产业方向社群圈层。创业企业家在企业经营中会遇到诸多心理问题，社群可以使有共同语言的企业家聚集在一起，彼此疏解沟通。

（2）社群经济变现。有了互动和沟通，企业家群体的感情更近，在社会交往中，长期的交流能够培养信任。在渡业里，逐渐培养了企业家之间

的业务配合默契度，社群的经济价值在一次次的沟通中显现出来。多一次畅谈，多一次会议，就多一分合作的可能，彼此互补式的合作，就形成了新的社群经济互动联盟。

4. 市场信息分享

企业独立创业时，只能通过员工的六度关系扩展市场信息，有些项目还需要中间人的层层沟通，市场信息变现得可能性并不高。

渡业带来的市场信息共享消除了中间人，减去了沟通成本，使市场信息的分享渠道更通畅，从而能够在第一时间找到最为可靠的行业供应商。渡业内的几十位企业家，获取到不同的市场信息，在渡业可以第一时间与合作伙伴实现信息交流，并共同努力获取项目。渡业为入驻企业开辟了一个高速市场信息获取和筛选的渠道，提升了入驻企业的业务拓展效率。

5. 社会关系连接

渡业内的几十位企业家，都在自身行业拥有强大的人力资源，其社会资源基础雄厚。渡业的聚合能力，将这些社会关系联结在一起，突破了一个企业单打独斗时的社会资源天花板，打破了社会资源拓展瓶颈。渡业内的每一位创业者都拥有同样的社会关系网络，大大提升了部分创业者社会资源的上限。可以说即使是社会资源最弱的企业家，也拥有社会资源最强企业家的资源调动能力，将企业可以延展的社会关系发挥到了极致。

6. 人力资本节约

中小微企业的运营成本中，人力资本占据了企业经营的很大一部分。

入驻渡业可以大量节省包括财务、行政、法务、品牌、市场、执行等方面的人力成本，除研发和基础行政工作外，渡业能够提供全方位的人力资源共享服务，最大限度地节省初创企业成本。

7. 企业规模提升

生态产业领域中的中小微企业都面临企业规模的难题，尤其是创业企业。和互联网企业不同，互联网企业可以通过多轮融资实现规模扩大；而生态产业并非热门领域，中小微企业融资较难，行业人才数量也有限，在企业规模的成长上必须一点点积累完成。

在渡业，以"连接胜于拥有"的理念，塔建起一个高效协同创新平台。在规模的协同上，渡业内最小的企业与最大的企业在规模上是等同的，在业务需要的时候，甚至可以组合渡业所有企业，形成超大规模的企业联合体。

8. 形象资源共享

中小微企业资本有限，在与客户交流中企业形象居劣势。渡业提供的办公环境和服务，可以为中小微企业提供形象支持，包括会议室、大型活动场地等，满足不同企业的不同形象需求。

（五）产业链协同作用

1. 龙头企业业务协同

广大生态产业的中小微企业，在市场中多为大企业供应商和地方政府小型采购项目服务提供商，行业市场营销能力有限，资本能力有限，整合能力有限，这些都成为制约企业发展的瓶颈。渡业的出现，为此类企业二次创业注入激情。入驻企业可以共享市场，在客户拓展方面实现了一个客户对应多种产品组合的解决方式。不同分工的中小微企业可以通过科技含量高、更具竞争优势的组合共同服务于一个客户，可以说解决了众多生态产业领域中小微企业的产业链协同发展需求。

海绵城市公司作为龙头企业，致力于打造生态产业链高质量精品项目，以高新科技和产业思维结合的方式，构建生态产业发展矩阵，带领渡业各领域创新创业公司，开展覆盖市政工程、水利工程、生态农业、生态工业等业务，通过创建一家生态产业整合的龙头企业，把控供应链、业务链和产业链的综合管理。

对内将拥有技术、人才和专业领域系统解决方案的中小企业凝聚在一起，进行深度的项目合作，以项目为基础，共同开拓市场，共享项目收益，实现供应链管理；对外塑造一个提供系统解决方案的创新供应商品牌，深挖生态产业高新科技带来的创新应用项目，让业务随着科技、金融、供应链的进化而进化，探索更多生态产业商业的可能性，追求利益共同增长，实现业务链管理。对目标项目，全面挖掘潜在的延伸产业，深入调研并与平台内资源库对接，形成共享智慧的产业探索模式；依托平台资源库专家，建立产业链分析和拓展团队，形成规划方、供应方、投资方的多方合力，搭建长尾产业链，实现生态产业的持续创新合作。

2. 供应链金融优势

供应链金融是银行围绕核心企业，管理上下游中小微企业的资金流，并把单个企业的不可控风险转变为供应链企业整体的可控风险，通过立体获取各类信息，将风险控制在最低水平的金融服务。

渡业内有海绵城市公司作为核心企业，串联入驻渡业的生态产业链上

下游中小微企业，形成了同一产业链内部各方相互依存，"一荣俱荣、一损俱损"的产业态。

在供应链金融中，不同企业的资金需求可以通过不同产业链上下游公司的彼此业务贷款形式互相支持，保证公司在运营中遇到问题时能够快速、低成本地融资。

渡业围绕供应链上中小微企业迫切的融资需求，以当前银行的金融服务政策为依托，在生态产业的每一环节上布局，形成上下游关系，使得各公司互为供应方，在供应链金融中彼此帮助、融通协作，保障银行融资渠道的畅通。

（六）从传统产业到颠覆式创新

1. 颠覆式创新筛选与投资

渡业开放入驻申请，并对企业进行严格筛选，对不同发展阶段的企业提供"天使种子基金＋投资资金"。目前主要围绕生态环保领域的高新科技专利持有企业和个人进行选择和孵化。渡业更倾向于选择有技术壁垒的企业，并参考其产品在生态产业中是否属于颠覆式创新产品。

2. 产业视域下的颠覆式创新

在生态产业，诸多突破性创新需要科研机构或大型企业投入大量的人力、物力、财力。要解决生态产业中的问题，可以使用产品组合的颠覆创新方式。起点较低的颠覆式创新是结合不同产品的优点，降低突破性创新的投入。

渡业内企业组合推出的颠覆式创新产品，由海绵城市公司提供综合的

解决方案，为客户带去新的解决思路，不再以单一产品的形式，而是将产品进行组合，发挥每类产品的优势，将生态环境工程项目模块化，在每一个模块匹配合理的产品和解决技术，形成具有颠覆式创新的产业链式解决方案。

3. 从六度关系到点对点的链接态

渡业内各创业企业在各自领域经营数载，其科研带头人或企业管理者都具有几十年的从业经验，在其领域都获得一定认可，又占有相应的市场份额。渡业将生态产业中的中小微企业进行整合，不同项目彼此协助，资源共享，通过最简单的面对面会议即可解决过去通过六度关系认识到指定目标的难题。

在中国生态产业的市场中，生态环保、市政工程等项目都是地方政府的头等大事，领导来渡业视察，可以参观整个产业链的创新，这就进一步形成了渡业内各企业资源共享的优势，解决了很多企业的市场问题。地方政府的领导所了解的对于生态环境的治理知识，都是渡业各创业企业的精英提供的前沿的科技产品内容。这就形成了无中间商赚差价的市场营销局面，进一步降低了营销成本，提高了创业企业的积极性。

点对点的链接态只有在专一行业的孵化空间才能够更好地发挥价值，渡业成为每家在孵企业都离不开的价值网。价值网内的企业互为市场，互为供应方，形成了良好的内部循环。这个生态产业价值网不仅包括市场，还包括前沿高新技术、资源、政策等要素，这就形成了企业强大的竞争力。

4. 四维理念的"生态产业+"联盟

根据渡业在生态产业的实践情况，由多家大型企业联合发起了"生态

产业+"联盟。从集约、共享、契约、感恩四个维度，形成一个专注于生态建设和生态产业领域，集规划设计、基础建设、科技研发、运营管理于一体的全产业链协同创新平台。

"生态产业+"联盟推出颠覆式创新的一体化解决方案："生态产业+"联盟将项目策划前置、依托智库拉动的整体解决方案先行，联合国有企业、龙头企业聚势能，为科技创新赋能，将核心产品转化成核心竞争力，新旧动能转换做强业务。

三、生态位理论

类似于大自然物种的生态位，渡业内中小微企业生态位包含不同领域的生态位因子，企业与企业间的相互作用使渡业在投资过程中更加重视生态位的差异性，不断扩展自身的生态位，加强生态位各分子的协同创新，保持和发展适合自身成长系统的生态理论。

从生态系统的角度研究渡业，能够从孵化环境层面揭示企业孵化器、加速器的未来参照细节。目前影响渡业的生态位仍处于开放状态，是一个并不规则的生态系统。随着渡业的逐渐壮大，孵化空间、在孵企业与开放创新环境将构成一个整体，三者相互影响、相互治愈，并在未来一定时期内达到一种动态平衡状态，形成一个"超质量"的"结构黑洞"。生态位的动态平衡将产生具有极强竞争力的企业服务内容，并不断吸引创新企业、市场和投资方，形成可以解决产业链进化的"黑洞"。

（一）生态位分工与整合

渡业内部各企业形成了镶嵌的生态系统，各企业在嵌入位置各司其职，通过分工完善生态产业链。海绵城市公司作为生态系统的火车头，依托市场品牌引领发展；渡业投资作为后盾补给，为所有生态位企业提供资本和行政服务；高新科技创新企业在生态领域完善自身专业，进行技术研发创新；其他施工、监理、设计、管理等工程类产业链企业，可以源源不断地补充市场信息。

渡业依托完整的生态位布局，形成了科技孵化器、加速器的完整生态系统。各生态位企业以自身专业能力提供生产服务，构建渡业生态位系统的基础。海绵城市公司提供品牌和组合产品解决方案，渡业投资提供孵化运营服务和投资服务，高新科技创新企业生产应用产品，其他施工、监理、设计、管理等工程类产业链企业输出业务范畴内的劳动，而所有企业又为火车头企业补充动力燃料，形成企业越多、能量越大的生态系统。如同地球生态系统中的万物循环，每一个生态位因子都在万物生长中全力发挥着自己的作用。如阿里巴巴、腾讯与渡业：阿里巴巴的结构基础因素在于交易，腾讯的结构基础因素在于社交，而渡业的结构基础因素在于生态产业。阿里巴巴逐渐将所有交易流量导入平台内，释放最大的交易机会，形成交易生态系统；腾讯逐渐将社交流量导入平台内，释放最大的社交机会；渡业逐渐将生态产业链的内容导入平台内，释放产业服务机会。生态位最终形成一个系统，自我生长，自我进化，自我完善。

（二）企业进步差异下的危机感与文化支撑

在自我生长、自我进化、自我完善中，渡业的生态位系统会受到结构因素、政策因素、市场因素等各因素的影响。企业经营没有一帆风顺的，或多或少都会对渡业内部的生态平衡产生影响，这就需要生态位各企业保持危机感，在感受到危机时，能够及时对危机进行防御和化解。危机感来自外部的政策、科技发展、融资环境以及市场需求的影响，那么就需要加强内部的科技创新、资源管理，提高组织效率，生态位各企业互相帮助，

在危机影响周期内渡过难关。

危机感的最终破局需要共同的文化理念，形成彼此信任、支持、理解的关系。渡业从创立之初就强调文化内核，"缘渡才俊，创功立业，贤德友爱，共存共荣"，彰显渡业对入驻企业的生态位理解。在孵化器内部不断强化文化理念，在受到外部因素干扰时，力求每一个入驻企业都能够坚持初心，共同渡过难关。

（三）生态位的组合式进化

在大自然的进化中，一种生物的进化会推动另一种生物的进化，在相对平衡的运行条件下，为保持进化的平衡，大自然中的进化往往是组合式的。渡业的生态位系统进化同自然界一样。一家企业的科技产品提升，会带动整体解决方案的提升，从而不断增强解决方案的综合产品服务能力。也就是一家公司的成长相当于所有企业共同提供服务，实现了共同增长。没有增长的企业或增长缓慢的企业，将逐渐与增长快的企业脱离合作关系，生态位系统会自动补位。这就会出现解决方案的产品缺口，这时提示渡业需要寻找优质的企业以补充缺口，这也间接赋予了渡业生态位系统的免疫预警能力和自我诊断能力。

（四）生态位系统中产品整合解决方案

渡业生态位是根据生态产业链需求建立的，全产业链一体化的生态解决方案，不仅破除了环境承载力魔咒，而且运作效率更高，管理更科学、更规范。依靠强大的团队实力，以多企业连接的整合解决方案，依托"生态产业+"的产业思维，打通生态技术、生态环境、生态经济的循环产业经济链。

（五）生态产业科技孵化、产业孵化形成结构黑洞

渡业的产品质量越来越高，生态产业涵盖的产品越来越成熟，随着时间推移，业务覆盖逐渐在品牌方面形成引力，会不断吸引优质企业、优质产品、优质项目。

黑洞形成的根本原因是超级质量，进而形成了超级引力。未来的渡业生态位系统一样，内部技术和解决方案会不断增强。入驻的高新科技企业越多，渡业的产品质量越高，能量也越大，最后形成一个有稳定结构的生态位系统黑洞。

四、总结

本研究基于渡业生态科技创新孵化中心的运营情况，系统梳理了渡业孵化企业经营情况、运营模式、综合服务现状，运用生态位理论剖析了渡业的理想生态系统。对我国孵化器、加速器的发展提供参照。

随着国家对创新创业、民营企业经营的进一步支持和鼓励，越来越多的行业精英走上寻求技术成果转化的道路或是进入大型平台，以商业的方式在市场中寻求生态理想的实现路径。因此，我们需要有真正符合企业需求的孵化案例，研究企业孵化器与加速器的生态建设，为未来可能出现更多专一领域或独立运作的孵化空间提供有效的参照，从企业孵化器、加速器的创业生态寻找成功经验以及可能被忽略的问题。作为生态科技创新企业，应有如下应对策略。

1. 回归市场，博弈竞争才是最好的生存方式

企业孵化器、加速器应不以追求政策补贴为目的，在市场竞争中寻

求自己的生存可能。在定位时，专业领域是优质的选择方向，可以快速形成产业链服务，实现市场共享，并在生态位系统建设上保证系统内分工明确，对组合式进化有充分认知，能够组织和调动所有入驻企业参与到市场整合的工作中。在招商时，尤其要避免企业类型重叠，根据生态位系统打造属于孵化器自身的产业微笑曲线。

2. 专业管理，洞察微笑曲线的变化，随时保持创新

完善管理，使企业孵化器、加速器更具服务专业性，在工作中主导、调动企业之间的合作，使生态位成为有效的整合、互动系统。依托品牌强大的企业，发挥其火车头作用，发挥所有企业自主创新、颠覆式创新及参与组合式进化的积极性，使企业孵化器、加速器能够形成可以发挥品牌合力的协同创新平台。

3. 生态产业创新创业，要企业家，也要理想家

生态产业领域创新科技孵化，对生态环境承载力高质量提升提供优质的解决方案，这是推动我国生态文明建设、百姓安居乐业的保障方式之一。大量民营企业家的进入带来了市场繁荣；只有更多创业精英成为企业家，生态产业才能够更加活跃；只有生态产业孵化器聚拢更多的民营企业和企业家，才能提供更多的地方生态经济发展的产业链解决方案，才能够持续不断地输出优质的项目服务，从而建设祖国绿水青山美丽乡村，建设绿色家园亮丽城市。

参考文献

[1] 赛迪智库中小企业研究所. 小微企业双创基地城市示范实践模式解析[J]. 中国工业评论, 2018（4）.

[2] 戴小园, 蔡建峰, 王晓东. 面向服务架构的科技孵化器生态系统解构与评估[J]. 科技进步与对策, 2017（16）.

[3] 刘杰. 硅谷企业加速器的运营机制及其对广州的启示[J]. 探求, 2017（6）: 42-47.

[4] 潘冬, 石常峰. 生态位视域下的科技企业孵化器技术创新服务研究[J]. 科学管理研究, 2014（4）: 4-7.

[5] 陈莉敏. 科技企业孵化器集群的进化博弈原理[J]. 武汉理工大学学报, 2008（12）: 189-191.

[6] 何科方, 钟书华. 企业加速器: 概念、特征及意义[J]. 科学管理研究, 2008, 26（5）.

[7] 何科方, 钟书华. 国内"企业加速器"研究综述[J]. 科技进步与对策, 2009, 26（10）: 152-155.

[8] 任静, 钟书华. 我国企业加速器发展的现状、问题及对策[J]. 科技管理研究, 2009, 29（11）: 86-88.

[9] 汪艳霞, 钟书华. 企业加速器的"加速"服务——基于IBA、SPARK BA、HTC等10个企业加速器的实证分析[J]. 科技进步与对策, 2010, 27（9）.

[10] 李燕萍, 李洋. 科技企业孵化器与众创空间的空间特征及影响因素比较[J]. 中国科技论坛, 2018（8）.

[11] 吴文清, 于可心, 刘文诣, 等. 公平偏好下的科技企业孵化器与创投合作研究[J]. 天津大学学报: 社会科学版, 2018.

[12] 姜骞, 唐震. "资源-能力-关系"框架下网络能力与科技企业孵化器服务创新绩效研究——知识积累的中介作用与知识积累的调节作用[J]. 科技进步与对策, 2018.

[13] 范欣. 从孵化器演变到加速器——企业孵化器新阶段研究[D]. 北京: 北京交通大学, 2009.

[14] 施立华. 全球化新浪潮、孵化器新使命与加速器新战场[J]. 中国高新区, 2012（9）: 28-28.

[15] 杨迅周, 王玉霞, 魏艳, 等. 产业集群生态产业链构建研究[J]. 地域研究与开发, 2010, 29（2）: 7-9.

后　记

这本书从 2018 年 1 月开始筹备，至今历经三次"改头换面"。

第一稿的写作目的很简单：其一，记录过往；其二，希望自己的创业经历，不论成败，能对别人有些许帮助。等到它完成时，我却迟疑了，仿佛一个声音在冥冥中说："还有件更重要的事情——为企业家群体发声。"于是有了第二稿。它讨论的是企业家的精神，是流淌在我们血液中"仁"与"义"的民族基因。我想让更多人听到民营企业家的心声，看到和舆论不同的，不再是以成败论英雄的企业家，包容、体谅他们的不易。遗憾的是，励志故事已经太多。

2019 年年底，这本书历经数次调整与精简，渡业也伴随着大环境仿佛经历了重生。2020 年，迎春之际新冠疫情爆发，一场黑天鹅事件以迅雷之速袭击了中国企业。在这样一个近乎致命的休克期，如何让企业平稳渡过危机，我们要重新审视我们的组织机制，深刻地理解组织管理、长期战略与未来社会趋势的关系，而这些问题恰恰在我们这本书所讨论的内容中。这令人惊讶的巧合令我倍感沉重，但愿危机过后我们能更深刻地认识社会的风险，企业痛定思痛，尽早建立起危机预警与应对机制——这不仅为了我们自己，也为了我们的子孙后代。

托尔斯泰的《复活》中这样描述："人好像河流，河水都一样，到处

相同，但每一条河都是：有的地方河身狭窄，水流湍急；有的地方河身宽阔，水流缓慢。有的地方河水清澈，有的地方河水浑浊……"人生如此，企业亦如此。这本书就像是我的人生写照，虽然是写的企业经营危机，却是这些年来在我头脑中盘旋不去的内容——我感慨自己生于20世纪70年代，是幸运；把这代人的经验教训总结出来，是责任。

感谢我的团队伙伴以及家人，你们多年来的陪伴、支持是我前行的动力。

欣慰的是，遇到文思慧、王谷两位老师全程参与、辛苦付出，幸得周灵均老师热心指导、斧正勘误，这本书才能最终成形问世。你们的真诚、专业、敬业令我感动，在此表达感谢和敬意。

尽管全力以赴，但由于本人专业能力有限，本书存在一些缺陷和遗憾，希望各位读者和同行多多批评指正。

杨中春

2020 年 3 月